Descobrir Jogos Online Grátis

Disponível Aqui:

BestActivityBooks.com/FREEGAMES

5 DICAS PARA COMEÇAR

1) CÓMO RESOLVER LAS SOPA DE LETRAS

Os puzzles têm um formato clássico:

- As palavras estão escondidas sem espaços ou hífenes,...
- Orientação: As palavras podem ser escritas para a frente, para trás, para cima, para baixo ou na diagonal (podem ser invertidas).
- As palavras podem sobrepor-se ou intersectar-se.

2) APRENDIZAGEM ACTIVA

Ao lado de cada palavra há um espaço para anotar a tradução. Para encorajar a aprendizagem activa, um **DICIONÁRIO** no final desta edição permitir-lhe-á verificar e expandir os seus conhecimentos. Procure e anote as traduções, encontre-as no puzzle e adicione-as ao seu vocabulário!

3) MARCAR AS PALAVRAS

Pode inventar o seu próprio sistema de marcação - talvez já use um? Pode também, por exemplo, marcar palavras difíceis de encontrar com uma cruz, palavras favoritas com uma estrela, palavras novas com um triângulo, palavras raras com um diamante, e assim por diante.

4) ESTRUTURANDO A APRENDIZAGEM

Esta edição oferece um **CADERNO DE NOTAS** prático no final do livro. Nas férias, em viagem ou em casa, pode facilmente organizar os seus novos conhecimentos sem a necessidade de um segundo caderno!

5) JÁ TERMINOU TODAS AS GRELHAS?

Nas últimas páginas deste livro, na secção **DESAFIO FINAL**, encontrará um jogo gratuito!

Rápido e fácil! Consulte a nossa colecção de livros de actividades para o seu próximo momento de diversão e **aprendizagem**, a apenas um clique de distância!

Encontre o seu próximo desafio em:

BestActivityBooks.com/MeuProximoLivro

Aos vossos lugares, preparem-se...Vão!

Sabia que existem cerca de 7.000 línguas diferentes no mundo? As palavras são preciosas.

Adoramos línguas e temos trabalhado arduamente para criar livros da mais alta qualidade para si. Os nossos ingredientes?

Uma selecção de tópicos adequados à aprendizagem, três boas porções de entretenimento, e depois acrescentamos uma colherada de palavras difíceis e uma pitada de palavras raras. Servimo-los com amor e máximo divertimento, para que possa resolver os melhores jogos de palavras e se divirta a aprender!

A sua opinião é essencial. Pode participar activamente no sucesso deste livro, deixando-nos um comentário. Gostaríamos de saber o que mais lhe agradou nesta edição.

Aqui está um link rápido para a sua página de encomendas:

BestBooksActivity.com/Avaliacoes50

Obrigado pela vossa ajuda e divirtam-se!

A Equipa Inteira

1 - Dirigindo

```
U  W  V  C  J  E  R  A  G  E  T  D  E  T
Z  M  O  T  L  G  Y  W  N  U  X  W  D  R
B  W  Y  W  O  U  W  D  U  K  X  L  A  W
M  A  P  N  P  L  D  D  R  O  F  F  M  Y
M  Y  H  N  Q  D  D  I  W  Y  W  R  W  D
I  O  R  E  V  D  R  D  A  L  Y  T  A  D
F  D  D  L  T  E  E  I  T  N  A  B  I  E
T  B  Y  U  O  H  C  O  A  G  T  R  N  D
S  Z  T  X  R  J  Q  G  N  D  X  E  A  Y
Q  N  A  P  C  A  R  E  W  V  F  C  W  R
T  R  A  F  F  I  G  L  Y  F  C  I  Y  T
R  H  Y  B  U  D  D  W  D  J  R  A  X  S
P  E  R  Y  G  L  N  C  D  D  J  U  X  D
T  S  P  E  G  W  Y  H  X  K  K  F  T  M
```

DAMWAIN	MODUR
CAR	CERDDWYR
TANWYDD	PERYGL
RHYBUDD	HEDDLU
FFORDD	STRYD
BRECIAU	DIOGELWCH
GAREJ	CLUDIANT
NWY	TRAFFIG
TRWYDDED	TWNNEL
MAP	

2 - Antiguidades

```
C  M  S  Y  L  I  D  A  U  C  B  C  A  C
A  E  I  D  E  G  A  W  D  A  U  G  N  A
R  T  R  A  D  D  U  R  N  O  L  W  S  N
W  I  P  F  A  D  F  E  R  A  L  E  A  R
E  E  A  H  L  O  R  I  E  L  J  R  W  I
R  L  N  Z  E  U  K  K  A  Q  F  T  D  F
T  H  A  P  R  N  N  O  Y  J  T  H  D  C
H  W  R  I  Y  G  A  R  D  D  U  L  L  Q
I  C  F  B  U  D  D  S  O  D  D  I  A  D
A  E  E  W  O  Z  J  C  I  K  R  H  K  I
N  L  R  D  Q  S  P  N  A  I  X  Z  L  I
T  F  O  L  V  R  J  W  L  I  E  E  E  L
U  W  L  N  A  I  R  A  U  A  N  R  A  D
D  O  D  R  E  F  N  H  O  X  B  V  Z  P
```

CELF
DILYS
ADDURNOL
DEGAWDAU
CAIN
CERFLUN
ARDDULL
ORIEL
ANARFEROL
BUDDSODDIAD

EITEM
ARWERTHIANT
DODREFN
DARNAU ARIAN
PRIS
ANSAWDD
ADFER
CANRIF
GWERTH
HEN

3 - Churrascos

```
A T B H O S I F J G C P L S
F C Q G R A T C Y W Y U Z Y
T T Z C G W V Y R A L G E R
Y O N E Z S R Q R H L B Y T
R M C A G E M A U O Y Q I H
H A T I L I R G Z D L E S I
A T Z H N P I B W D L H L O
K O Z D P I B R Â I W Y C N
H S A H T E O P K A H M Q R
N E W Y N D N U T D A V P F
S A L A D A U P Q H L U C B
L L Y S I A U U L U E T H V
V S N H T Y W R F F N B A L
C E R D D O R I A E T H F W
```

SYRTHION	GEMAU
GWAHODDIAD	LLYSIAU
PLANT	SAWS
CYLLYLL	CERDDORIAETH
TEULU	PUPUR
NEWYN	POETH
CYW IÂR	HALEN
FFRWYTH	SALADAU
GRIL	TOMATOS
CINIO	HAF

4 - Pesca

```
O  Z  F  R  A  B  A  S  G  E  D  T  F  G
V  A  J  N  M  M  F  V  S  W  Z  X  A  W
L  H  E  O  Y  E  T  C  O  A  O  V  O  I
C  T  I  E  N  S  S  Z  N  O  V  H  F  F
J  E  I  J  E  G  T  E  M  B  Y  N  F  R
X  A  F  C  D  Y  H  D  N  T  O  X  E  E
F  R  E  N  D  L  B  A  C  H  Y  N  R  N
F  T  J  O  F  L  M  I  A  B  W  Y  D  C
Ê  N  J  F  G  O  M  N  P  W  Y  S  A  U
F  Y  K  A  I  M  R  O  T  Y  M  O  R  O
J  L  K  G  T  I  Ŵ  B  X  J  E  D  U  J
B  L  K  K  Q  C  D  S  S  V  Y  F  S  F
C  O  G  I  N  I  O  E  C  W  C  H  I  W
O  Y  H  T  A  G  E  L  L  A  U  J  N  F
```

DŴR	ABWYD
ESGYLL	LLYN
CWCH	ÊN
TAGELLAU	CEFNFOR
BASGED	AMYNEDD
COGINIO	PWYSAU
OFFER	TRAETH
ESBONIAD	AFON
GWIFREN	TYMOR
BACHYN	

5 - Geologia

```
C  S  W  C  Y  F  A  N  D  I  R  D  D  D
W  R  T  U  U  C  F  V  E  Z  P  A  X  A
R  C  U  A  D  I  M  G  A  L  A  T  S  E
E  A  A  L  L  I  S  O  F  F  I  S  C  A
L  R  N  A  F  A  L  O  K  R  N  A  W  R
S  R  Y  I  H  V  C  V  G  M  K  W  A  G
G  E  W  S  T  A  Z  T  W  O  G  G  R  R
P  G  M  I  R  X  E  K  I  F  F  Z  T  Y
H  C  D  R  A  M  I  N  K  T  L  B  S  N
L  V  E  C  P  G  Y  L  J  S  E  D  R  V
C  Y  L  C  H  O  E  D  D  H  A  L  E  N
D  H  V  R  R  D  I  I  I  R  R  J  N  P
D  D  Y  N  Y  F  G  S  O  L  L  Y  T  P
C  A  L  S  I  W  M  A  A  M  U  B  L  T
```

ASID	FFOSIL
HAEN	LAFA
OGOF	MWYNAU
CALSIWM	CARREG
CYLCHOEDD	GWASTAD
CYFANDIR	CWARTS
CWREL	HALEN
CRISIALAU	DAEARGRYN
STALACTITE	LLOSGFYNYDD
STALAGMIDAU	PARTH

6 - Ética

```
U B E D L O N A N U H N A R
D D Y W R G I D E R A C T J
U N I O N D E B X D P K H U
H T E A I L O N Y D N F R N
D O E T H I N E B A B L O I
L T O S T U R I L S K I N G
G O D D E F G A R W C H I O
P H M C U H V P C T E A A L
A W J Y Z U S A X S K M E Y
R P X T S B V X F J V Y T N
C Y L H T E A L A E R N H J
H Q E J T A H U L P O E D R
Q C A G K E C R Y B Y D U B
R H E S Y M O L D E B D W Z
```

ANHUNANOLDEB
CAREDIGRWYDD
TOSTURI
URDDAS
ATHRONIAETH
DYNOLIAETH
UNIGOLYN
UNIONDEB

AMYNEDD
RHESYMOLDEB
RHESYMOL
REALAETH
PARCH
DOETHINEB
GODDEFGARWCH

7 - Tempo

```
H E D D I W A C W Q C L N C
S Q W R A Y W C T A R B C A
Q P A Z F I R N A C I F A L
N R G H A N N E R D Y D D E
P M E T Y S Y L W C L O C N
Y B D M C H W C A G E E C D
M X H I C D D Y D B O R E R
N U K S D D N Y D D Y W L B
N N N B S O N H T Y W A J S
H V O U E U K R F J N Q T
T P I S D T Y J M O Z A I G
A N Y R J B N J S D D O Z U
Q T Y I J S B D H O Z J B O
G E L O D D Y N Y L B B S S
```

NAWR	BORE
BLWYDDYN	HANNER DYDD
CYN	MIS
BLYNYDDOL	MUNUD
CALENDR	SYLW
DEGAWD	NOS
DYDD	DDOE
DYFODOL	CLOC
HEDDIW	WYTHNOS
AWR	CANRIF

8 - Astronomia

```
T  B  Y  D  Y  S  A  W  D  Z  A  Y  X  U
N  F  B  L  S  T  D  E  C  O  R  M  E  W
A  L  M  E  T  E  O  R  O  H  S  B  D  C
I  J  L  G  O  F  O  D  W  R  Y  E  D  H
H  H  O  E  S  P  I  L  C  E  L  L  A  N
C  C  A  L  U  B  E  N  H  L  L  Y  E  O
R  O  Y  U  P  A  S  R  Q  X  F  D  A  F
Y  P  P  T  W  S  D  D  J  Y  A  R  R  A
G  D  C  Z  S  X  O  N  I  U  Q  E  B  U
S  O  L  A  R  E  P  C  O  E  F  D  L  N
I  A  J  O  D  I  R  W  R  Q  H  D  A  V
D  V  W  G  A  S  T  E  R  O  I  D  N  X
H  V  T  Y  H  I  R  W  D  D  Y  R  E  S
E  K  O  E  R  C  O  S  M  O  S  W  D  A
```

ASTEROID	LLEUAD
GOFODWR	METEOR
SERYDDWR	NEBULA
AWYR	ARSYLLFA
CYTSER	BLANED
COSMOS	YMBELYDREDD
ECLIPSE	SOLAR
EQUINOX	UWCHNOFA
ROCED	DDAEAR
DISGYRCHIANT	BYDYSAWD

9 - Circo

```
Y Z U Y G S K B D V P P A O
S T H T E A I R O D D R E C
B C E F U A N W L A B N C K
L B A I D D E O G S I W G S
E F P N G I J Q L L E B A P
N I W E D R N L B J W Q A E
N Y C O T Y W I C H T R C L
Y H U D R H O D F A R W R I
D C J N J G L P F A I I O F
D Q X A S I C N W M C L B F
A N I F E I L I A I D Y A A
M X F Q G M V P W U G W T N
L L E W T V W X V R Z G V T
T M C A D G N U Q D M U P C
```

ACROBAT	MWNCI
ANIFEILIAID	HUD
BALWNAU	SIWGLWR
TOCYN	DEWIN
RHODFA	CERDDORIAETH
CANDY	CLOWN
ELIFFANT	PABELL
GWYLIWR	TEIGR
YSBLENNYDD	GWISGOEDD
LLEW	TRIC

10 - Acampamento

```
E  K  C  O  M  M  A  H  H  Y  G  R  P  A
N  A  O  T  A  G  X  C  H  C  X  M  A  M
N  N  E  L  F  M  U  A  O  Q  F  V  B  G
R  I  D  J  L  R  T  L  N  E  X  A  E  Q
H  F  E  F  V  Y  I  J  L  O  D  B  L  O
A  E  F  R  Y  O  N  Â  T  E  N  W  L  G
F  I  Y  C  W  M  P  A  W  D  U  Q  I  Y
F  L  R  U  T  N  A  W  C  O  S  A  O  G
Z  I  P  M  Y  N  Y  D  D  F  V  W  D  I
Q  A  A  H  D  A  O  Y  G  F  S  Z  L  M
L  I  M  E  B  B  G  O  M  E  P  U  X  K
K  D  H  L  T  A  H  F  I  R  U  T  A  N
M  Ŵ  N  A  C  C  E  H  N  X  X  X  Z  K
A  B  L  T  X  H  T  R  P  R  D  V  I  H
```

ANIFEILIAID   COEDWIG
ANTUR   TÂN
COED   PRYFED
CWMPAWD   LLYN
CABAN   LLEUAD
HELA   HAMMOCK
CANŴ   MAP
HET   MYNYDD
RHAFF   NATUR
OFFER   PABELL

11 - Emoções

```
D H G Y F F R O U S U A B I
L I A G I A A H F U C T B W
L L O M L F N T V L A J U X
L D O L D I T Y Z G R D W J
A O J N C D H C W R E N Y T
W T Q P Y H E O K M D H D N
E S C I P D G N C K I E W Y
N A K A C L D A O C G D Y I
Y L B V U Y G W R L R D N O
D F U L N Z N H C A W W F F
D I R E T C I D J H Y C Y N
T D A W E L N P S W D H D Y
U G C C Y N N W Y S D R F M
D T E Z B F O D L O N D I L
```

LLAWENYDD	OFN
CARU	HEDDWCH
GYFFROUS	DICTER
WYNFYD	HAMDDENOL
CAREDIGRWYDD	FODLON
DAWEL	TYNERWCH
CYNNWYS	DIFLASTOD
DIOLCHGAR	LLONYDDWCH

12 - Ficção Científica

```
V A B D Y C H M Y G O L J J
G Y P G N N E I T H A F O L
K C N C U G Â W V M Q R G Q
I P L D I A I T O B O R I Q
T Z I E E L C A R O E I M S
F S B L O A W B E R E G O I
D F Y V G E L O N H C E T N
Y I R I Z T L E V I C S A E
S H E W W H E M D T U Y L M
T X M R Y E P P W H A U W A
O B Y D Z D D I R G E L M G
P M B H Q M R B L A N E D R
I A I P O T U A R F Y L L J
A L D D I A L O D O F Y D Q
```

ATOMIG
SINEMA
PELL
DYSTOPIA
FFRWYDRAD
EITHAFOL
GWYCH
TÂN
DYFODOLAIDD
GALAETH

RHITH
DYCHMYGOL
LLYFRAU
DIRGEL
BYD
ORACLE
BLANED
ROBOTIAID
TECHNOLEG
UTOPIA

13 - Mitologia

```
J Q R W L E F Y H R C N Y J
C S Q M O V G Y S E R W R A
L I M T A I L W D D E M F T
Y M D D Y G I A D F D V S B
N B A R W R D S N Y O N T H
H E J B E D L O W R A F N A
A N G H E N F I L C U C A O
C I H I D I A L O R W R I Q
E H H A F N N T W E O E L W
M C C J U N Q L R A J U L O
J Y V G Z Y E J A D W F Y K
B R M E L L T C M U F D W Q
D T C H W E D L F R T Y I D
H U D O L Y Z V M J V D D D
```

CENFIGEN
YMDDYGIAD
CREDOAU
CREU
CREADUR
DIWYLLIANT
TRYCHINEB
CRYFDER
RHYFELWR
ARWRES

ARWR
ANFARWOLDEB
CHWEDL
HUDOL
ANGHENFIL
MARWOL
MELLT
MEDDWL
DIAL

14 - Medições

```
W  Y  T  Y  N  H  Z  D  G  K  C  U  M  W
X  Q  W  L  M  I  B  Y  R  S  Y  W  E  L
X  J  O  M  À  S  U  F  A  U  F  M  S  I
M  O  D  F  E  D  D  N  D  R  R  R  U  T
A  E  U  E  X  H  V  D  D  Q  O  V  R  R
R  C  N  A  Q  C  D  E  Y  H  L  T  Y  W
G  T  U  M  R  C  N  R  Z  Y  N  G  D  C
D  N  M  U  A  S  Y  W  P  D  N  V  D  H
R  E  P  T  S  R  L  L  E  N  N  U  T  W
Q  F  G  J  D  Z  G  X  B  Q  K  C  K  A
V  E  Z  O  A  D  B  O  W  N  S  H  A  R
G  N  N  X  L  M  D  E  L  E  J  D  S  T
C  A  N  O  L  F  A  N  I  I  D  E  L  L
N  E  C  T  A  P  E  Q  E  T  C  R  L  A
```

UCHDER	MESURYDD
BEIT	MUNUD
CANOLFAN	OWNS
HYD	PWYSAU
DEGOL	MODFEDD
GRAM	DYFNDER
GRADD	CHWART
LLED	CILOGRAM
LITR	TUNNELL
MÀS	CYFROL

15 - Álgebra

```
R X J A V D A I L A F A H E
D H Y T B X A T O R E S A E
T N I A M Q L T B I T Y F Z
D H T F Q B T M R M Y M F L
F F R A C S I W N Y T L O L
H W A J Z D T S F K S E R I
M A T R I C S P F F E I M N
A E T Y N U U U G Z D I O
R F L J X H A O G X N D W L
G C S B S I W O I C X I L F
A J H Z O O F R D B N O A U
I G F E S R R F F A C T O R
D R U K Z Z B A T E B R P D
U U K M Q A M N E W I D Y N
```

DIAGRAM	BROBLEM
HAFALIAD	MAINT
FFUG	DATRYS
FFACTOR	SYMLEIDDIO
FFORMIWLA	ATEB
FFRACSIWN	SWM
LLINOL	TYNNU
MATRICS	NEWIDYN
RHIF	SERO

16 - Plantas

```
L  L  W  Y  N  O  R  E  A  M  C  G  L  K
R  D  E  J  W  Q  H  S  E  W  O  L  L  G
U  D  D  B  U  S  K  U  K  S  E  A  Y  A
Q  I  D  J  P  N  K  P  E  O  D  S  S  R
U  A  I  S  Y  L  R  E  P  G  L  W  T  D
G  R  E  P  C  I  D  S  R  L  S  E  Y  D
C  W  N  O  F  O  P  N  V  A  T  L  F  Y
A  G  R  W  B  F  E  Y  H  T  Y  L  I  C
R  A  Q  T  I  Y  A  D  X  E  Q  T  A  A
R  Ŵ  B  M  A  B  G  O  W  P  O  Q  N  C
F  L  O  R  A  I  A  L  C  I  P  Q  T  T
X  H  D  A  I  L  T  B  J  C  G  K  W  U
P  E  I  J  N  J  L  H  L  F  K  Z  Y  S
L  L  L  Y  S  I  E  U  E  G  L  X  O  F
```

LLWYN	FLORA
COED	COEDWIG
AERON	DAIL
BAMBŴ	GLASWELLT
LLYSIEUEG	EIDDEW
CACTUS	GARDD
PERLYSIAU	MWSOGL
FFA	PETAL
GWRTAITH	GWRAIDD
BLODYN	LLYSTYFIANT

17 - Veículos

```
L  T  C  Y  B  J  Y  M  K  M  A  R  L  T
H  O  A  A  B  W  S  U  J  B  C  O  L  R
V  O  R  E  T  W  G  S  B  E  Z  C  O  A
N  A  F  A  R  A  C  B  N  I  C  E  N  C
N  O  I  R  I  T  W  N  Q  C  A  D  G  T
M  O  X  R  E  C  C  I  W  C  M  D  D  O
A  O  E  X  O  N  D  H  L  W  B  R  A  R
F  G  D  G  B  L  N  Z  L  C  I  O  N  M
F  O  W  U  H  X  E  Y  U  H  W  F  F  V
E  J  T  E  R  Q  C  Q  D  U  L  F  O  F
R  R  A  M  N  S  F  U  E  D  A  S  R  W
I  I  C  G  Y  N  S  H  L  I  N  I  Q  A
I  Q  S  B  T  R  O  P  V  S  S  Y  V  U
K  Y  I  R  O  L  O  L  A  W  Y  R  E  N
```

AMBIWLANS	LLU
AWYREN	SGWTER
FFERI	ISFFORDD
CWCH	MODUR
BEIC	BWS
LORI	TIRION
CARAFAN	LLONG DANFOR
CAR	TACSI
ROCED	GWENNOL
HOFRENNYDD	TRACTOR

18 - Engenharia

```
D Y F N D E R M Y N U Z D P
E C R Y F D E R E J N H O E
B C R O N F W C Z S P F S I
C D A I F I R F Y C U S B R
D I E S E L G N O X K R A I
B C I E V Y A B Q G Y U R A
F F R I T H I A N T S D T N
A D E I L A D U J W O O H T
D I A M E D R X H Y B M U F
F S R Q E S T R W Y T H U R
G C Y N N I G D I A G R A M
S E F Y D L O G R W Y D D R
E C H E L Y N N I A D Z N F
D I M E N S I Y N A U B L F
```

FFRITHIANT
ONGL
CYFRIFIAD
ADEILADU
DIAGRAM
DIAMEDR
DIESEL
DIMENSIYNAU
DOSBARTHU
ECHEL

YNNI
SEFYDLOGRWYDD
STRWYTHUR
CRYFDER
HYLIF
PEIRIANT
MESUR
MODUR
CYNNIG
DYFNDER

19 - Restaurante # 2

```
P  L  M  S  D  Z  P  Z  E  B  K  L  S  A
Y  H  L  S  W  Y  A  U  F  H  R  V  V  S
S  T  A  Y  B  H  P  A  U  Q  Z  A  U  C
G  G  P  L  S  E  Â  K  H  J  T  H  B  U
O  B  K  S  E  I  I  O  H  C  I  N  I  O
D  A  L  A  S  N  A  S  T  K  J  U  F  C
O  P  D  K  O  E  M  U  Y  W  L  L  F  A
I  X  Q  Y  R  C  V  S  W  S  D  B  O  D
D  P  A  Q  A  A  M  A  R  L  G  C  R  E
S  U  P  T  U  C  T  L  F  D  S  Y  C  I
G  M  S  A  M  Q  M  B  F  W  X  S  V  R
E  U  Y  E  O  A  R  K  J  N  T  L  Z  Y
V  E  P  S  G  D  Ŵ  R  W  T  B  G  M  D
V  C  C  R  L  I  C  A  W  L  C  M  H  D
```

DŴR	IÂ
DIOD	CINIO
CACEN	LLYSIAU
CADEIRYDD	NWDLS
LLWY	WYAU
BLASUS	PYSGOD
SBEISYS	HALEN
FFRWYTH	SALAD
AROS	CAWL
FFORC	

20 - Países #2

```
Z  M  G  I  F  J  D  V  K  C  S  N  A  S
U  E  W  F  N  O  D  D  R  E  W  I  L  U
S  C  L  P  F  D  S  G  H  M  F  Á  B  F
W  S  A  H  Q  R  O  N  V  E  Y  R  A  U
Y  I  D  K  T  U  A  N  U  G  S  C  N  Q
T  C  G  X  X  I  L  I  E  G  I  W  I  O
S  O  R  E  Z  O  O  I  N  S  C  K  A  Y
U  D  O  R  W  S  I  A  K  C  I  R  A  J
N  C  E  D  E  N  M  A  R  C  B  A  C  N
A  E  G  D  U  Q  J  N  I  G  E  R  I  A
B  S  P  L  N  T  N  A  T  S  I  K  A  P
I  B  G  A  I  R  Y  S  I  F  G  Z  M  A
L  K  Y  P  L  S  O  M  A  L  I  A  A  J
U  G  A  N  D  A  L  M  H  J  M  P  J  O
```

ALBANIA	LIBANUS
DENMARC	MECSICO
FFRAINC	NEPAL
GWLAD GROEG	NIGERIA
HAITI	PAKISTAN
INDONESIA	RWSIA
IWERDDON	SYRIA
JAMAICA	SOMALIA
JAPAN	WCRÁIN
LAOS	UGANDA

21 - Cozinha

```
D  F  N  W  C  R  Y  F  F  S  C  S  A  C
R  B  F  U  U  A  Y  W  L  L  W  O  C  H
M  L  N  E  W  J  S  K  C  I  P  Z  B  O
Y  L  X  A  D  C  W  W  B  Y  A  B  B  P
I  E  W  Z  L  O  B  G  U  R  N  O  Y  S
D  G  E  L  L  E  G  E  T  O  A  W  C  T
H  R  L  L  E  G  W  E  H  R  U  L  Y  I
N  E  Z  I  T  S  B  E  I  S  Y  S  L  C
W  O  R  R  W  R  N  A  P  C  Y  N  L  K
A  F  D  G  A  R  Y  S  Á  I  T  C  Y  S
Q  B  I  D  D  F  D  I  L  L  P  J  L  M
S  F  D  N  I  X  M  U  M  P  O  P  L  Z
D  N  W  Q  X  Z  V  P  I  F  P  V  Z  U
Z  N  N  U  P  X  D  I  Y  K  Z  F  S  U
```

FFEDOG	FFYRC
TEGELL	OERGELL
LLWYAU	GRIL
LLETWAD	NAPCYN
CWPANAU	JAR
SBEISYS	JWG
NODDI	CHOPSTICKS
CYLLYLL	RYSÁIT
POPTY	BOWL
RHEWGELL	

22 - Números

```
T J Z M G S H U A D N S S U
A R A W D E P N M J A U G Y
D B I I O Z E A D N W P X Q
C E Z G E D D R A I R T G I
H D U E T F N B S A I T H W
W E D D T V K Y A G I I D Y
E G Y T D P A M O U J U E T
C O H K G E H T M Y P F U H
H L S E U U G H P U M P N L
I L L O E I F E G A G X A P
R E M G B A N G S E R O W B
C H X N X H U W L Q W V W K
W M Y U W V X T C A K T R I
D F U K V M A T H K V Z U Q
```

PUMP
DEGOL
DEG
UN AR BYMTHEG
DEUNAW
DAU
DEUDDEG
MATH
NAW
WYTH

PEDWAR
PYMTHEG
CHWECH
SAITH
TRI AR DDEG
TRI
UN
UGAIN
SERO

23 - Física

```
R  N  I  W  C  L  E  A  R  M  À  S  N  E
F  F  O  R  M  I  W  L  A  P  F  M  W  C
E  L  E  C  T  R  O  N  Z  I  O  A  Y  P
G  X  O  N  F  E  R  H  N  A  I  Q  Q  Y
M  R  T  G  L  D  M  O  L  E  C  I  W  L
M  A  O  H  E  L  A  T  O  M  A  X  Q  C
E  A  G  N  Z  M  N  B  M  X  L  G  V  Y
C  H  T  N  Y  A  E  D  M  C  M  R  B  F
A  F  D  J  E  N  C  C  V  B  Y  S  U  L
N  X  G  N  Z  T  N  A  I  R  I  E  P  Y
E  Q  H  N  W  M  E  A  V  D  U  S  O  M
G  S  T  P  C  M  P  G  U  Z  Z  T  S  I
D  W  Y  S  E  D  D  M  G  X  X  F  B  A
C  Y  F  F  R  E  D  I  N  O  L  K  W  D
```

CYFLYMIAD	MÀS
ATOM	MECANEG
ANHREFN	MOLECIWL
DWYSEDD	PEIRIANT
ELECTRON	NIWCLEAR
FFORMIWLA	GRONYNNAU
AMLDER	CEMEGOL
NWY	YMLACIO
MAGNETEG	CYFFREDINOL

24 - Especiarias

```
G F J Z T Y O Z N I M W C H
I A I B A K T A K M W D M A
A C R W C L F P K J R U S L
B A Y L U H I Q W R F T P E
V R C F L R W U F K F V E N
L D N Z S E M E L D A M C P
F A Y C I D G E R I S N I S
F M T U N N W L L W S A R R
E O M N A A K T P Y P N O Y
N M E I M I L X G W S I C Y
I Q G O O R U P U P A S I M
G T W N N O L E I H L E L P
L A Z C M C X I V H B T T Y
P I Q C H F A N I L A I L V
```

SAFFRWM	UNION
LICORICE	CORIANDER
GARLLEG	CWMIN
CHWERW	MELYS
ANISE	FFENIGL
SUR	SINSIR
FANILA	NYTMEG
SINAMON	PUPUR
CARDAMOM	BLAS
CYRI	HALEN

25 - Países #1

```
J Y S G O N N S T T Z E O S
K R I D N I F F O C B H R E
N A W L L A D I E R Y E A N
O L T F F I A R Y P P C G E
R M M F U M S T R R T W G G
W A D A N A C A M A N A P A
Y E O Q K O C O R O M D C L
M N I Z H H H I K B N O A E
I R A C F I O F N B B R M A
G W L A D P W Y L D E V B R
E M V S B A E N T O I V O S
N I C A R A G U A I L A D I
W G K G K N Z N T J A U I A
E V E N E Z U E L A M D A X
```

YR ALMAEN	YR EIDAL
BRASIL	INDIA
CAMBODIA	MALI
CANADA	MOROCO
YR AIFFT	NICARAGUA
ECWADOR	NORWY
SBAEN	PANAMA
FFINDIR	GWLAD PWYL
IRAC	SENEGAL
ISRAEL	VENEZUELA

26 - A Mídia

```
D E A L L U S O L A N A C A
C Y L L I D K X P G M G Y I
D E L W E D D A U S N W F L
K H U N I G O L E Y E E A E
K T N A I D Y W I D B D T Y
U I J X U X F E S D A D H R
M A S N A C H O L A R A R A
A W I T E L E D U O N U E D
R D N N Z J A P V Y E K B I
L Y B N U S G K F J J L U O
E W S E V L T C G S W J L M
I H W U I L L D I G I D O L
N R A R G R A F F I A D T F
C Y H O E D D U S T A U J Z
```

AGWEDDAU
MASNACHOL
CYFATHREBU
DIGIDOL
ARGRAFFIAD
ADDYSG
CYLLID
LLUNIAU
DELWEDDAU
UNIGOL

DIWYDIANT
DEALLUSOL
LLEOL
AR-LEIN
BARN
CYHOEDDUS
RADIO
RHWYDWAITH
TELEDU

27 - Casa

```
F  L  Z  B  G  A  R  D  D  F  C  R  J  M
X  A  K  Z  U  X  M  J  W  F  A  N  L  V
V  W  U  F  R  U  H  B  F  E  W  U  L  V
D  G  Y  C  Y  F  Z  T  N  N  O  S  Y  Y
T  T  O  J  E  R  A  G  E  E  D  L  F  J
Q  C  A  D  D  T  J  O  N  S  S  W  R  D
H  P  R  T  M  W  O  D  T  T  Q  T  G  L
R  S  U  I  I  W  Z  D  K  R  S  F  E  L
F  F  E  N  S  G  L  L  E  N  N  I  L  E
N  C  M  I  B  A  N  A  D  L  O  S  L  T
H  T  W  G  T  Y  S  T  A  F  E  L  L  Â
E  A  K  E  A  L  L  W  E  D  D  I  K  N
J  B  N  C  P  J  D  K  U  G  F  A  K  Q
N  F  E  R  D  O  D  R  Y  C  H  E  D  K
```

LLYFRGELL	LLE TÂN
FFENS	DODREFN
ALLWEDDI	WAL
CAWOD	DRWS
LLENNI	YSTAFELL
CEGIN	ATIG
DRYCH	RUG
GAREJ	NENFWD
FFENESTR	FAUCET
GARDD	BANADL

28 - Vegetais

```
B M Q Q L N E P M W P G C P
I T O M A T O V Y B P A L E
D K W A G H S H P S E R R Z
H C R A D A M S T J R L L C
S X W Z R A D I S H S L E I
S I N S I R L L S P L E G W
Y S O N F P I A M K I G G C
L B L O D F R E S Y C H P Y
G W E T T V E M L P X E L M
O C S A A X L N O I N U A B
G Z B T E L E C F R Y N N R
I F W W S R S J Q G O B T U
B C S S B R O C O L I N N L
S A R T I S I O G S D E F D
```

PWMPEN	BLODFRESYCH
SELERI	PYS
ARTISIOG	SBIGOGLYS
GARLLEG	SINSIR
TATWS	MAIP
EGGPLANT	CIWCYMBR
BROCOLI	RADISH
UNION	SALAD
MORON	PERSLI
MADARCH	TOMATO

29 - Exploração

```
C  A  V  P  B  C  G  E  P  F  I  I  T  N
D  N  G  E  K  F  W  E  E  D  A  D  E  E
C  H  X  R  W  X  E  O  N  A  I  D  I  W
H  Y  O  Y  D  E  I  R  D  I  T  Y  T  Y
C  S  D  G  I  V  T  F  E  D  H  S  H  D
W  B  L  L  E  P  H  F  R  D  F  G  I  D
Y  Y  L  O  I  X  G  Y  F  Y  R  U  O  V
E  S  A  N  V  P  A  C  Y  F  P  W  R  X
G  O  F  O  D  S  R  J  N  N  G  W  E  X
G  W  Y  L  L  T  E  O  I  A  T  V  D  D
E  A  J  P  K  B  D  A  A  G  I  I  N  S
Q  Y  O  S  G  P  D  J  D  R  R  O  I  I
T  A  N  I  F  E  I  L  I  A  I  D  L  T
K  C  K  M  I  D  V  K  B  D  R  G  B  O
```

ANIFEILIAID	BLINDER
I DDYSGU	CYFFRO
GWEITHGAREDD	IAITH
DEWRDER	NEWYDD
DARGANFYDDIAD	PERYGLON
ANHYSBYS	GWYLLT
PENDERFYNIAD	TIR
PELL	TEITHIO
GOFOD	

30 - Balé

```
C A R D D U L L H Q O H X C
Y G Y N U L L E I D F A M Y
M U T S Y O Y A A D T G Y H
E G L H Y Z L U S A E O N Y
R D W Y S E D D R W C S E R
A F R O D D R E C N H G G A
D Q H W R P E J B S N E I U
W L X G G E G O E W E I A O
Y S H R Y W F B S Y G D N Q
A G I T S I T R A R M D N Y
E L S N O Q D W A N U I O E
T R Q U R H Y T H M E G L J
H R W D D O S N A F Y C O M
C E R D D O R I A E T H P B
```

CYMERADWYAETH
ARTISTIG
CYFANSODDWR
DAWNSWYR
YMARFER
ARDDULL
MYNEGIANNOL
YSTUM
GOSGEIDDIG

DWYSEDD
CYHYRAU
CERDDORIAETH
CERDDORFA
GYNULLEIDFA
RHYTHM
UNAWD
TECHNEG

31 - Adjetivos #1

```
L E A R T I S T I G V M L A
L G X W Q X V A W L W N T R
G S J B M Y T T E N A U O
L O F I R F I D O G R W A M
H T I A F F R E P R E N W A
A I G O C E S P Q I D K P T
B G E N F A W R W D O T G I
S H F F U T T V I Y M R U G
O A M S S S R A Q D S X V I
L E E P S E B W R R D I K S
I L Y T U N O C M A T Y G D
W K U N L O D U M R F K U T
T D E N I A D O L U N I O N
R O H D T Y W Y L L O I H O
```

ABSOLIWT
AROMATIG
ARTISTIG
DENIADOL
ENFAWR
TYWYLL
EGSOTIG
TENAU
HAEL
MAWR

ONEST
UNION
PWYSIG
ARAF
DIRGEL
MODERN
PERFFAITH
TRWM
DIFRIFOL

32 - Insetos

```
L M O S G I T O M H V F M H
A Q S C A C Y N E N I Z W W
D G W H S N D U A B X R F Y
Y W C H W A I N W P S L D B
B Y H M I R H C H W I L E N
U F A O V R P Q J B T O C Y
G Y Z R G K A W F H E V R Ö
C N H G M W H B Q O R V X L
I Y L R B J E L M N M E H G
C V O U U D N E L I W H C
A N C G W J Z B Y A T D N Z
D I U L A R F A D N E J B B
A D S I T N A M P R Y F W Y
I Z T E G W A S Y N E I D R
```

GWENYN	LARFA
CHWILEN DDU	GWAS Y NEIDR
CHWILEN	MANTIS
GLÖYN BYW	GWYFYN
CICADA	PRYF
TERMITE	MOSGITO
MORGRUG	CHWAIN
LOCUST	APHID
LADYBUG	CACYNEN

33 - Psicologia

```
W  R  X  U  A  D  A  W  N  A  L  Y  D  N
P  O  U  V  Y  G  S  T  H  E  R  A  P  I
Y  R  E  I  F  J  E  I  R  B  P  I  A  Q
M  A  O  Q  Q  Z  S  M  E  L  B  O  R  B
D  D  H  F  P  A  I  M  A  X  H  S  L  O
D  H  O  O  I  U  A  I  L  Y  D  D  E  M
Y  T  A  X  H  A  D  D  I  D  U  V  H  E
G  R  B  U  E  X  D  Z  T  A  R  F  Q  K
I  W  P  F  Y  J  C  A  I  L  F  X  F  U
A  G  I  Q  B  G  U  Y  U  M  C  J  N  R
D  P  E  R  S  O  N  O  L  I  A  E  T  H
F  S  D  O  D  N  Y  T  N  E  L  P  F  R
C  L  I  N  I  G  O  L  U  T  G  O  G  S
I  J  D  H  A  U  A  N  Y  I  S  O  M  E
```

ASESIAD	DYLANWADAU
CLINIGOL	MEDDYLIAU
YMDDYGIAD	PERSONOLIAETH
GWRTHDARO	BROBLEM
EGO	REALITI
EMOSIYNAU	TEIMLAD
PROFIADAU	THERAPI
PLENTYNDOD	

34 - Paisagens

```
J A N I A L W C H T E A R T
A R Y Y P L H W G Y Â Z S D
W D H O R N A D R S I Y A C
N N R G V F W E R D D O N E
A U N G Q G F V B D D D X F
S T E M Ô R S Y N Y Y J G N
F A P J G R T N D N N G X F
E O G O F B H J U Y Y N W O
B R Y N T K M A Z M M U V R
K K R L F I L W E H R Y Y W
G N U F F L L Y N A G V T N
W G Y R L H B H X J D O H S
A F O N W Y T Z X J Q R R K
B J T P G V C U Q U V T C S
```

RHAEADR	MYNYDD
OGOF	WERDDON
BRYN	CEFNFOR
ANIALWCH	GORS
RHEWLIF	PENRHYN
GWLFF	TRAETH
MYNYDD IÂ	AFON
YNYS	TUNDRA
LLYN	DYFFRYN
MÔR	

35 - Dança

```
B K G M Y N E G I A N N O L
S W H H T E C F W N A B U L
P Y Z W O D R E F R A M Y L
A N M H T Y H R L I E N U A
R E O U I P I C D F Q X B W
T I L O D E L E W G Z N N E
N D M D H I M E D A C A W N
E I L O N N A I L L Y W I D
R O C O R F F D T B K A S G
G R A S N S R H A W Q U O R
T R A D D O D I A D O L M P
G I F F A R G O E R O C E D
C T T L O R U S A L C H J D
W B H T E A I R O D D R E C
```

ACADEMI
LLAWEN
CELF
CLASUROL
COREOGRAFFI
CORFF
DIWYLLIANNOL
EMOSIWN
YMARFER
MYNEGIANNOL

GRAS
SYMUDIAD
CERDDORIAETH
PARTNER
OSGO
RHYTHM
NEIDIO
TRADDODIADOL
GWELEDOL

36 - Nutrição

```
A M F I T A M I N F K P D X
N A U A N I E T O R P W E M
S E M M S K P Z Y G F Y I K
A T H S Y K L B K A C S E A
W H N Y W N E W G L D A T D
D C O W L S S L M O X U U H
D A X B I I U B W R E W H C
I I E T O O F V N Ï P K T Q
E S N Y Q E C A Z A W H J I
C P R C I O C A U U T Y R O
H U A D A R D Y H O B R A C
Y T R E U L I A D Z R L F P
D B W Y T A D W Y H D K A H
A R C H W A E T H S A W S S
```

CHWERW
ARCHWAETH
GALORÏAU
CARBOHYDRADAU
BWYTADWY
DEIET
TREULIAD
CYTBWYS
EPLESU
HYLIFAU

SAWS
MAETH
PWYSAU
PROTEINAU
ANSAWDD
BLAS
IACH
IECHYD
GWENWYN
FITAMIN

37 - Energia

```
M E N T R O P I I E G E M A
O N I W C L E A R X A L J D
D Y T H H G G D C J S E Y N
U D N I A O W T B L O C D E
R I Y R U S E R W G L T X W
S K W W L T L Y G W I R O Y
C T G V N N J D Q L N O L D
X X O T I A W A I U E N L D
Z L W X B I T N A D C O Y A
N E G O R D Y H B H Z T G D
J S I F Y Y R B D B O O R W
Y E K S T W M M K D F F E Y
E I Z D K I R T A B Y F D U
S D T M S D C A R B O N D B
```

BATRI
GWRES
CARBON
TANWYDD
DIESEL
TRYDAN
ELECTRON
ENTROPI
FFOTON
GASOLINE

HYDROGEN
DIWYDIANT
MODUR
NIWCLEAR
LLYGREDD
ADNEWYDDADWY
HAUL
TYRBIN
GWYNT

38 - Disciplinas Científicas

```
V K L B S K G G E N A C E M
A C U Q M N N E L L H K J T
T G D B B I O L E G T M V Z
I E E F O A G O G M E U J L
S M C Y M D E I T H A S E G
E O I F Z E L S F N I Y C E
I T H W Y E O I V A D L J R
C A U C N C C F X F D O I A
O N A D L O E F X R Y D S E
L A G L G E L O E A H C R A
E C E M E G E E H U T H E D
G E L O R W I N G M I D D A
M E T E O R O L E G E B O E
B I O C E M E G S Y I V O N
```

ANATOMEG	IEITHYDDIAETH
ARCHAEOLEG	MECANEG
BIOLEG	METEOROLEG
BIOCEMEG	NIWROLEG
ECOLEG	SEICOLEG
FFISIOLEG	CEMEG
DAEAREG	CYMDEITHASEG
IMIWNOLEG	

39 - Meditação

```
A  T  P  D  Y  L  N  M  O  Y  A  N  M  D
R  E  O  T  K  Q  D  E  S  S  S  E  E  Y
F  F  M  S  V  E  D  D  S  V  G  S  D  S
E  F  U  G  T  F  Y  D  J  T  A  O  D  G
R  R  X  N  G  U  W  W  S  Y  L  W  Y  E
I  O  N  D  I  V  R  L  I  U  K  Y  L  I
O  N  T  S  P  G  G  I  A  J  U  I  I  D
N  S  Y  M  U  D  I  A  D  N  W  M  O  I
N  A  T  U  R  E  D  R  U  L  G  E  L  A
C  D  X  C  P  H  E  P  B  M  A  Y  F  E
N  H  T  E  A  I  R  O  D  D  R  E  C  T
T  N  Y  W  B  F  A  S  U  M  F  O  S  H
H  C  O  U  L  H  C  H  E  D  D  W  C  H
N  O  F  B  N  R  G  D  E  R  B  Y  N  N
```

DERBYN	MEDDYLIOL
EFFRO	MEDDWL
SYLW	SYMUDIAD
CAREDIGRWYDD	CERDDORIAETH
EGLURDER	NATUR
TOSTURI	HEDDWCH
DYSGEIDIAETH	SAFBWYNT
ARFERION	OSGO

40 - Moda

```
C  Y  F  F  O  R  D  D  U  S  G  G  I  D
V  Y  W  B  O  T  Y  M  A  U  J  W  S  D
A  R  D  D  U  L  L  Y  J  G  U  E  I  O
T  C  O  H  I  J  Z  W  P  R  L  A  Z  T
H  O  E  D  P  F  N  D  N  I  E  D  Q  G
X  P  D  R  U  A  D  A  I  R  U  S  E  M
T  A  A  U  A  G  K  I  A  L  Q  R  T  L
J  F  L  D  U  Y  Q  D  C  T  I  M  Q  O
Q  H  L  F  D  X  N  D  J  W  T  A  K  R
H  T  I  A  W  D  O  R  B  T  U  E  D  D
H  A  D  I  C  U  S  O  E  Y  O  L  D  E
O  D  B  E  C  E  V  F  K  D  B  J  W  M
R  G  A  L  M  Y  S  F  G  U  O  U  A  Y
D  F  G  L  L  O  R  E  F  R  A  M  Y  C
```

FFORDDIADWY	LLEIAF
BRODWAITH	MODERN
BOTYMAU	CYMEDROL
BOUTIQUE	YMARFEROL
DRUD	LACE
CYFFORDDUS	DILLAD
CAIN	SYML
ARDDULL	TUEDD
MESURIADAU	GWEAD

41 - Adjetivos #2

```
S F U P F C R E A D I G O L
Y Y G U F A R J J A S Z H V
L R C R H S L U Q E U U D J
I C U H T T A C E Z N I A C
D D Y W E N R A H O W W Y Q
X L G X O O F N K C A N O G
A W Y H P F E A T A D Y R G
Z H P R M W R T R X Y E H U
B Z N Q L L O U H A L L T J
G W Y L L T L R Y R D C B F
F L O D A I F I R G S I D F
Z I A C H P L O R O D D I D
W V X M V P T L W F J Z F X
C C Y F R I F O L Y Y L M E
```

DILYS
CREADIGOL
DISGRIFIADOL
DAWNUS
CAIN
ENWOG
CRYF
DIDDOROL
NATURIOL
ARFEROL

NEWYDD
FALCH
PUR
POETH
CYFRIFOL
HALLT
IACH
SYCH
GWYLLT

42 - Roupas

```
J V K U T Ô C J Î N S B L S
F P S A E H S H S Y V N C D
W F Z L H S G W T P X I Y
H V E A P V T I Y Y Z U X C
F D D D O B A N D A S F V R
B E V N O A J E E S A W T Y
G L S A G G J M C A M M R S
W H O S T N A P A N A K E A
R C R W V X R L I A J F G A
E I E G S I W G S U Y T S I
G E E S G I D B D A P S V Y
Y R G Z L Q I E T Q W V E L
S B X P Z F F A S I W N U M
Z O B T K V Y S P S T Q N P
```

FFEDOG

BLOWS

PANTS

CRYS

CÔT

HET

GWREGYS

ADNABOD

SIACED

JÎNS

MENIG

SANAU

FFASIWN

PYJAMAS

BREICHLED

SGERT

SANDALAU

ESGID

CHWYSWR

GWISG

43 - Herbalismo

```
G  A  R  D  D  O  P  B  O  J  U  O  N  I
A  G  A  E  T  D  I  H  B  T  E  K  O  C
R  W  M  S  Y  N  S  A  L  B  J  D  G  Q
O  Y  S  F  S  O  M  A  R  O  J  R  A  M
M  R  O  L  G  I  N  E  F  F  K  H  R  I
A  D  H  I  L  S  R  E  P  F  S  V  A  E
T  D  R  E  N  Y  D  O  L  B  R  J  T  T
I  B  K  D  D  W  A  S  N  A  X  W  J  G
G  K  R  Y  L  H  B  A  S  I  L  B  M  A
C  O  R  I  A  N  D  E  R  A  Z  V  M  R
C  Z  T  H  Q  Y  L  A  F  A  N  T  T  L
B  O  D  M  W  C  B  U  D  D  I  O  L  L
P  L  A  N  H  I  G  I  O  N  S  Z  H  E
R  G  S  D  I  V  R  F  R  Y  K  D  X  G
```

SAFFRWM	GARDD
RHOSMAR	LAFANT
GARLLEG	BASIL
AROMATIG	MARJORAM
BUDDIOL	PLANHIGION
CORIANDER	ANSAWDD
TARAGON	BLAS
BLODYN	PERSLI
FFENIGL	TEIM
CYNHWYSION	GWYRDD

44 - Arqueologia

```
B G W R T H R Y C H A U E E
L D A I D D I E R A W G D K
Y O N S E H A C W W E G A Y
N N G P F C A R G B A W I D
Y F H A T W T A I L M E D I
D Y O E O L H I N I Î R D S
D C F I S E R R E S T T O G
O H I R K G O C B O M H S Y
E A O H U R Y I R F U U N N
D B E D D I E R A F G S A N
D K Z R F D S U N O I O D Y
H Y N A F I A E T H R W A D
A N H Y S B Y S C U P P D D
Y M C H W I L Y D D Q T Z K
```

DADANSODDIAD	ANGHOFIO
BLYNYDDOEDD	FFOSIL
HYNAFIAETH	YMCHWILYDD
GWERTHUSO	DIRGELWCH
GWAREIDDIAD	GWRTHRYCHAU
DISGYNNYDD	ESGYRN
ANHYSBYS	ATHRO
TÎM	CRAIR
CYFNOD	DEML
ARBENIGWR	BEDD

45 - Esporte

```
C R Y F D E R Y E Z I M C E
L O N C I A N U M K D P O S
M N I N Q Y R D W E F C R G
A D U C V E B G N D S T F Y
B O A I I M U A E Y Q T F R
O N R W A E P L U G M E Y N
L E Y Z N F B L D N E I W N
G L H H I S F U Y W T E L Q
A G Y T R D I Y G C A D L G
M A C Y V M C O O H B Y E H
P H M A E T H X R Z O H O F
W R H W X R I U A S L C D R
R K Z Q N L C H U V I E C I
C H W A R A E O N A G I T F
```

YMESTYN
MABOLGAMPWR
GALLU
BEICIO
CORFF
DAWNSIO
DEIET
CHWARAEON
CRYFDER
LONCIAN

WNEUD Y GORAU
METABOLIG
CYHYRAU
MAETH
NOD
ESGYRN
RHAGLEN
DYGNWCH
IECHYD

46 - Frutas

```
F E H O G N A M J T N G L B
L J A D O U G R A W N W I N
E X E N I R A T C E N U A O
C E I R I O S V X S F L A G
O G Q I H V B Y A B N E R O
B L A C K B E R R Y M M P C
A G W I Q Y B B A U C O A O
I F E C X N O R E A B N P C
C G O L Z M E I R G A O A U
A R N C L G K C T A N F I A
F F I G A Y T Y X K A A A N
H B W P F D G L C C N M X C
N Z I W A T O L H C A E P C
L A C K L B T H V K N E P P
```

AFOCADO	CIWI
BLACKBERRY	OREN
AERON	LEMON
BANANA	AFAL
CEIRIOS	PAPAIA
CNAU COCO	MANGO
BRICYLL	NECTARINE
FFIG	GELLYG
MAFON	PEACH
GUAVA	GRAWNWIN

47 - Corpo Humano

```
F  T  M  S  C  F  D  D  W  G  N  Ê  Y  G
G  W  E  F  U  S  A  U  C  O  E  S  M  A
E  C  A  Y  L  L  G  P  G  K  C  M  E  L
G  L  G  L  O  Q  Y  E  D  E  L  V  N  O
C  U  G  A  L  P  L  N  D  R  A  R  N  N
N  S  F  F  Ê  R  L  E  Y  S  T  B  Y  E
J  T  C  R  O  E  N  L  W  W  S  Y  D  P
P  E  N  G  L  I  N  I  G  Z  R  S  D  T
U  X  T  O  V  S  P  N  S  X  Z  T  W  X
I  P  U  U  V  E  Q  P  Y  M  X  U  P  E
T  L  W  A  F  I  C  E  C  R  K  T  P  K
G  D  E  A  W  Y  T  E  G  W  A  E  D  G
P  O  N  R  E  O  Y  S  V  E  W  C  M  D
L  A  Q  F  B  O  L  P  L  R  A  Q  Y  L
```

GEG	LLYGAD
PEN	YSGWYDD
YMENNYDD	CLUST
GALON	CROEN
PENELIN	COES
BYS	GWDDF
PEN-GLIN	ÊN
GWEFUSAU	GWAED
LLAW	TALCEN
TRWYN	FFÊR

48 - Caminhada

```
Q P O Q G K W T D H L H D U
P A R C I A U C I T A P N Z
C M Z E R C X I A A I U O Y
A Y D S R L G O I E J F L T
N N Ŵ G E O W T L L Y W G R
L Y R I C G E A I V T T Y W
L D T D Q W R R E C M S R M
A D Y I P Y S A F G A K E W
W J W A S N Y P I I C Q P Z
I K Y U F N L I N M V M T E
A T D I I T L E A Q J A I P
U U D D D W A S N I H P O A
O J K U F H F L I N E D I G
N A T U R C Y F E I R I A D
```

GWERSYLLA
ANIFEILIAID
DŴR
ESGIDIAU
FLINEDIG
HINSAWDD
CANLLAWIAU
MAP
MYNYDD
NATUR

CYFEIRIAD
PARCIAU
CERRIG
CLOGWYN
PERYGLON
TRWM
PARATOI
GWYLLT
HAUL
TYWYDD

49 - Beleza

```
M  X  F  R  O  S  O  S  L  R  U  C  H  M
F  I  N  R  L  I  X  T  L  F  H  S  L  A
N  Y  N  Y  K  A  R  E  D  N  I  E  C  S
C  A  R  L  X  M  B  I  D  N  E  O  R  C
O  V  W  M  L  P  U  L  S  W  Y  N  A  A
L  W  S  U  A  I  V  Y  W  D  K  O  I  R
U  Z  I  B  U  L  W  D  T  D  R  O  V  A
R  K  S  L  L  I  W  D  X  N  C  Y  T  W
C  Y  N  H  Y  R  C  H  I  O  N  A  C  Q
F  R  A  G  R  A  N  C  E  Z  I  Z  I  H
G  W  A  S  A  N  A  E  T  H  A  U  I  N
C  Y  F  A  N  S  O  D  D  I  A  D  K  G
X  V  P  R  F  F  O  T  O  G  E  N  I  G
I  U  D  G  U  O  L  E  W  A  U  O  H  K
```

MINLLIW	FRAGRANCE
CURLS	GRAS
SWYN	CYFANSODDIAD
LLIW	OLEWAU
COLUR	CROEN
CAIN	CYNHYRCHION
CEINDER	MASCARA
DRYCH	GWASANAETHAU
STEILYDD	SISWRN
FFOTOGENIG	SIAMP

50 - Filantropia

```
C D F J V D W G G F E A N B
E X Y V O W D U W I L N O Y
N W Y D I X V Y D G U G D D
H B F R T U R J E R S E A E
A G R W P I A U N F E N U A
D H E R I A U H U I N V U N
A I C D D I G A M E I O N G
E N U Y W V X N Y U E W R D
T O Y P L A E E C E T Z U C
H I Q Q L L G S D N M T L B
X L L A J A I E G C P E P A
Z E E J B B N D W T O X T Z
O A A J J M I T Z I B P H X
R H A G L E N N I D L D G U
```

ELUSEN	GRWPIAU
CYMUNED	HANES
PLANT	IEUENCTID
HERIAU	CENHADAETH
CYLLID	ANGEN
CRONFEYDD	NODAU
HAELIONI	POBL
BYD-EANG	RHAGLENNI

51 - Ecologia

```
C Y N E F I N I P I T U N M
P J S X T Z Y N L O R O M A
A N N W H Z U S A A T A I B
L M Z J U A D E N U M Y C R
L F R P I H S I H E P M K C
Y L U Y Y W D A I L A N Y C
S O T A W U S R H G F A B
T R A A N I D R I G O F D Y
Y A N U I H A J O G R A N D
F K D Q J V D E N G O W O E
I S Y C H D E R T M E N D A
A N A T U R I O L H S A D N
N H I N S A W D D Q I Q A G
T M Y N Y D D O E D D V U E
```

HINSAWDD
CYMUNEDAU
AMRYWIAETH
FFAWNA
FLORA
BYD-EANG
CYNEFIN
MOROL
MYNYDDOEDD

NATURIOL
NATUR
GORS
PLANHIGION
ADNODDAU
SYCHDER
GOROESI
CYNALIADWY
LLYSTYFIANT

52 - Família

```
T  B  K  H  T  I  N  Q  B  D  B  V  Q  P
N  A  T  Y  C  P  Z  Q  R  J  H  Z  A  L
A  L  D  N  O  R  W  V  A  A  G  J  A  E
L  F  K  A  J  X  E  S  W  V  X  R  R  N
P  R  T  F  N  Q  K  M  D  B  D  I  Z  T
K  Q  Z  I  C  T  B  E  T  S  K  L  D  Y
R  V  K  A  N  G  Ŵ  R  A  C  X  B  I  N
M  L  O  D  A  T  P  L  E  N  T  Y  N  D
A  L  H  K  N  C  U  W  D  G  N  R  E  O
M  F  I  C  H  W  A  E  R  W  A  D  W  D
A  C  A  F  Z  P  X  D  I  R  I  O  Y  E
U  D  N  M  W  O  T  B  T  A  N  M  T  N
Ŵ  Y  R  E  D  N  F  E  C  I  V  K  H  V
G  H  Q  T  N  A  C  G  M  G  O  J  R  D
```

HYNAFIAD	MAMAU
NAIN	FAM
PLENTYN	ŴYR
PLANT	TAD
GWRAIG	TADOL
MERCH	CEFNDER
PLENTYNDOD	NITH
CHWAER	NAI
BRAWD	MODRYB
GŴR	EWYTHR

53 - Férias #2

```
O  X  M  P  B  H  G  W  Y  L  I  A  U  A
T  M  S  N  W  K  A  S  I  F  Q  I  Y  Z
R  A  M  J  Y  G  U  M  D  Y  J  S  M  T
O  K  I  B  T  N  A  I  D  U  L  C  Y  F
B  P  B  T  Y  Y  I  Y  L  D  Q  A  N  K
S  J  A  Z  H  G  N  J  T  E  E  T  Y  C
A  P  W  B  R  U  U  R  Ô  M  A  N  D  N
P  S  X  C  E  Y  L  Y  P  Y  M  O  D  J
W  J  A  F  H  L  L  W  I  I  E  R  O  I
T  R  A  E  T  H  L  A  R  Q  P  T  E  M
B  Z  B  M  B  L  Y  S  Y  N  Y  S  D  R
G  W  E  S  T  Y  R  E  I  D  Z  E  D  H
A  M  H  E  U  O  N  A  F  H  C  R  Y  C
Y  B  A  V  P  G  R  M  A  P  Z  X  G  Q
```

MAES AWYR	MYNYDDOEDD
CYRCHFAN	PASBORT
ESTRON	TRAETH
GWYLIAU	AMHEUON
LLUNIAU	BWYTY
GWESTY	TACSI
YNYS	PABELL
HAMDDEN	CLUDIANT
MAP	TAITH
MÔR	FISA

54 - Edifícios

```
S D A N H C R A F H C R A F
A M G U E D D F A F B C F F
Y D S A I L Z L M C A G M L
S D G I F L V L E A V T Y A
G H R W T E Y Y N B T T R T
O X P O E T J S I A B S C I
L U R E B S K R S N S T M S
E Y I F A A T A U Q O A U H
M S F J Y C L Y F F Q D V T
A G Y P S P A B E L L I V H
Y U S V B F F E R M Y W Z E
Z B G W Y G A R E J A M F A
C O O G T V H C K U U J T
Z R L J Y Z T R Q V K A U R
```

FFLAT	YSBYTY
CABAN	GWESTY
CASTELL	LABORDY
YSGUBOR	AMGUEDDFA
SINEMA	ARSYLLFA
YSGOL	ARCHFARCHNAD
STADIWM	THEATR
FFERM	PABELL
FFATRI	TWR
GAREJ	PRIFYSGOL

55 - Xadrez

```
G A A E P V U C A G Z P E N
S W J F Z N G R U W C Y I M
R M Y M F J S W A R T E L L
M H H N J K Y E I T S P O W
G S E U O C D A T H T E F D
W H S O N Z D R N W R N E U
P Y F J L V I A Y Y A C D N
A M S E R A K W W N T A D K
S H C N T U U H P E E M O E
R T V I L A O C P B G P G P
B R E N H I N E S Y A W H T
Q E U E Y R K P B D E R G O
L B C R P E A X L D T L I V
N A F B A H N D F Y H G Ê M
```

I DDYSGU	GODDEFOL
GWYN	PWYNTIAU
PENCAMPWR	DU
HERIAU	BRENHINES
LLETRAWS	RHEOLAU
STRATEGAETH	BRENIN
CHWARAEWR	ABERTH
GÊM	AMSER
GWRTHWYNEBYDD	

56 - Aventura

```
D I O G E L W C H Q Q B H P
B R W D F R Y D E D D F A E
M O D D Y N E W A L L A R R
J I L H T I A D B I W G D Y
C W N E W Y D D R Y F A D G
L Y V P Z N I E V W I P W L
C L F C F E O T R F E F C U
Q L A L O L T W T V K D H S
G P D D E R A G H T I E W G
A N A R F E R O L Y S K O F
F G N Z M S A U H E R I A U
F F P Y Q M P R T J K F M A
R E T S W A H N A A N L V Z
C Y R C H F A N C O N Q D Y
```

LLAWENYDD
GWEITHGAREDD
HARDDWCH
DEWRDER
HERIAU
CYRCHFAN
ANHAWSTER
BRWDFRYDEDD
GWIBDAITH

ANARFEROL
AMSERLEN
NATUR
LLYWIO
NEWYDD
CYFLE
PERYGLUS
PARATOI
DIOGELWCH

57 - Floresta Tropical

```
P  A  M  A  M  A  L  I  A  I  D  C  R  G
R  D  D  B  P  C  E  A  V  L  R  Y  H  O
Y  Z  T  F  N  P  Y  Q  B  O  P  M  Y  R
F  Y  C  P  E  F  E  M  Y  G  F  Y  W  O
E  B  T  V  H  R  Y  J  U  E  H  L  O  E
D  H  I  N  S  A  W  D  D  N  T  A  G  S
P  N  A  T  U  R  L  I  P  A  E  U  A  I
C  A  X  P  Y  A  L  N  B  T  A  D  E  S
Y  V  R  L  I  D  O  E  D  O  R  A  T  O
M  F  R  C  A  A  C  H  Y  B  W  J  H  I
A  Q  J  S  H  O  H  N  K  S  D  Y  A  R
F  F  B  K  X  W  E  Y  U  L  A  N  U  S
M  W  S  O  G  L  S  C  J  D  C  G  G  S
A  M  R  Y  W  I  A  E  T  H  D  L  Y  G
```

BOTANEGOL	NATUR
HINSAWDD	CYMYLAU
CYMUNED	ADAR
AMRYWIAETH	CADWRAETH
RHYWOGAETHAU	LLOCHES
CYNHENID	PARCH
PRYFED	ADFER
MAMALIAID	JYNGL
MWSOGL	GOROESI

58 - Cidade

```
L  D  C  S  D  V  D  A  N  H  C  R  A  F
N  X  T  I  W  Y  O  R  J  Z  B  T  J  M
O  B  C  N  A  B  R  C  T  G  L  X  R  A
S  Z  D  E  O  S  Y  H  S  A  L  F  B  M
Q  T  P  M  N  A  W  F  I  F  E  P  A  G
N  V  A  A  G  L  A  A  O  L  G  H  Y  U
S  F  A  D  P  O  S  R  P  L  R  G  T  E
N  Y  V  P  I  N  E  C  L  Y  F  R  S  D
Y  S  G  O  L  W  A  H  Y  R  Y  Y  E  D
T  A  F  V  H  O  M  N  F  E  L  B  W  F
Y  O  R  I  E  L  G  A  R  F  L  E  G  A
W  B  Z  S  W  Q  I  D  A  F  S  C  T  O
B  L  J  W  C  Y  O  L  U  R  Z  W  P  X
S  I  O  P  F  L  O  D  A  U  D  S  A  Z
```

MAES AWYR	SW
BANC	SIOP LYFRAU
LLYFRGELL	FARCHNAD
SINEMA	AMGUEDDFA
YSGOL	BECWS
STADIWM	BWYTY
FFERYLLFA	SALON
SIOP FLODAU	ARCHFARCHNAD
ORIEL	THEATR
GWESTY	

59 - Música

```
L M B Z D O C T U I D C L N
L O G E N Y L E T C X O G S
A C A N W R A M Z D U F E K
R L W J M Y S P W L J N S U
E D B P D F U O C F C O A C
P O Z W V Y R B M R S D Q C
O U L R M F O A A E B I V Y
B A L E D R L R B L Y E I H
U O O J C Y R D G V A E R A
C O R W S B Y D G V E W G R
O F F E R Y N O D S L Z Q M
X C A R E B S N I Y T F D O
H M H T Y H R O D D R E C N
S V X X B L P L C D R M T I
```

ALBWM
BALED
CANU
CANWR
CLASUROL
CORWS
COFNODI
HARMONI
BYRFYFYR

OFFERYN
TELYNEGOL
ALAW
CERDDOR
OPERA
BARDDONOL
RHYTHM
TEMPO

60 - Matemática

```
C  P  R  S  W  M  B  S  V  L  A  Q  N  M
Y  A  H  L  J  X  E  G  H  I  M  H  Z  S
F  R  I  A  O  I  R  W  S  N  C  Y  O  Z
O  A  F  Y  C  G  P  Â  T  D  U  U  L  D
C  L  Y  R  Y  T  E  R  U  S  E  F  M  A
H  E  D  T  L  A  N  D  W  X  U  X  H  E
R  L  D  E  C  G  D  A  I  L  A  F  A  H
O  O  E  P  H  B  I  D  I  A  M  E  D  R
G  G  G  W  E  X  C  R  A  D  I  W  S  C
Q  R  G  M  D  N  W  I  S  C  A  R  F  F
O  A  L  X  D  J  L  G  N  O  I  R  T  I
S  M  H  C  S  U  A  L  G  N  O  M  D  A
Q  I  O  D  D  E  R  U  S  E  M  Y  C  H
P  O  L  Y  G  O  N  C  Y  F  R  O  L  T
```

RHIFYDDEG
ONGLAU
CYLCHEDD
DEGOL
DIAMEDR
HAFALIAD
FFRACSIWN
CYFOCHROG
PARALELOGRAM
AMFESUR

BERPENDICWLAR
POLYGON
SGWÂR
RADIWS
PETRYAL
CYMESUREDD
SWM
TRIONGL
CYFROL

61 - Saúde e Bem Estar #1

```
W  N  N  P  P  M  S  U  H  X  B  P  C  F
T  B  L  E  Z  V  Y  E  C  N  S  V  R  F
D  W  W  A  R  N  W  U  R  H  O  F  O  E
B  F  F  O  J  F  Y  S  Y  N  D  H  E  R
M  E  D  D  Y  G  A  U  G  E  G  E  N  Y
C  Y  H  Y  R  A  U  U  T  W  K  C  R  L
R  J  Q  T  V  I  L  I  A  Y  G  L  B  L
T  A  R  F  E  R  L  C  O  N  R  I  A  F
E  H  T  E  A  G  Y  D  D  E  M  N  C  A
S  T  E  J  K  W  W  C  V  Y  E  I  T  O
G  J  P  R  A  G  T  T  U  E  F  G  E  M
Y  U  T  U  A  N  O  M  R  O  H  M  R  N
R  C  O  L  A  P  J  A  C  J  U  T  I  J
N  L  O  G  S  O  I  C  A  L  M  Y  A  S
```

UCHDER	MEDDYGAETH
BACTERIA	CYHYRAU
CLINIG	NERFAU
MEDDYG	ESGYRN
FFERYLLFA	CROEN
NEWYN	OSGO
TWYLL	ATGYRCH
ARFER	YMLACIO
HORMONAU	THERAPI

62 - Natureza

```
D  J  R  R  F  A  I  R  V  T  C  U  R  H
H  U  G  D  Z  A  F  S  Z  A  Y  D  H  E
C  O  E  D  W  I  G  O  I  W  M  G  E  D
N  D  S  D  T  I  V  J  N  E  Y  S  W  D
I  I  Y  E  H  E  J  L  I  L  L  A  L  Y
W  A  C  O  V  O  B  O  I  M  A  N  I  C
L  I  A  D  G  W  E  N  Y  N  U  I  F  H
O  L  R  D  I  Z  E  N  Q  F  S  A  W  L
D  I  O  Y  M  W  T  A  A  K  H  L  F  O
O  E  H  N  A  Y  X  F  T  A  P  W  D  N
F  F  I  Y  N  F  Y  O  G  I  T  C  R  A
N  I  F  M  Y  E  C  R  H  T  V  H  Z  L
A  N  C  X  D  O  R  T  L  L  Y  W  G  R
H  A  I  B  B  H  A  R  D  D  W  C  H  Z
```

GWENYN
ANIFEILIAID
ARCTIG
HARDDWCH
ANIALWCH
DYNAMIG
COEDWIG
DAIL
RHEWLIF
MYNYDDOEDD

NIWL
CYMYLAU
HEDDYCHLON
AFON
CYSEGR
GWYLLT
TAWEL
TROFANNOL
HANFODOL

63 - A Empresa

```
A R C O C O H B N O R H P U
D E Y C C Y Z N Y G T S M N
N F N R Y D F P D D G X J E
O E N E N I E L D O E V E D
D N Y A N W N O W C S A Q A
D I D D Y Y W S A Y E U N U
A W D I R D D E S N N V S G
U N Q G C I A O N C S I U K
I L E O H A P L A G U A A F
Y I B L O N W R N J B F I D
L C Q W A T U A V U E T G K
P R O F F E S I Y N O L S U
P O S I B I L R W Y D D I V
C Y F L O G A E T H O Z R F
```

CYFLWYNIAD   PROFFESIYNOL
CREADIGOL   CYNNYDD
CYFLOGAETH   ANSAWDD
BYD-EANG   REFENIW
DIWYDIANT   ADNODDAU
ARLOESOL   ENW DA
BUSNES   RISGIAU
POSIBILRWYDD   UNEDAU
CYNNYRCH

64 - Aviões

```
A B A W Y R G Y L C H X B D
N I A G F R W N N Y C B L I
T P H L C Y F E I R I A D S
U K P A Ŵ N U G G A O W G G
R C A K N N K O I W Y L L Y
D R W H Q E A R A O C V A N
P I Y R G X S D G J B O N I
T W R E N D D Y W N A T I A
R Y L F R E D H C U D O O D
P U W T K P E I L O T Y U O
Q V R Y W H T I E T P Z D X
V K U O D D Y W H C E O G W
T P G O U D A L I E D A P K
P E I R I A N T D I W B Y R
```

UCHDER
GLANIO
AWYRGYLCH
ANTUR
BALŴN
AWYR
TANWYDD
ADEILADU
DISGYNIAD
CYFEIRIAD

HYDROGEN
HANES
CHWYDDO
PEIRIANT
LYWIO
TEITHWYR
PEILOT
TYWYDD
CRIW
CYNNWRF

65 - Tipos de Cabelo

```
I  H  T  E  L  B  X  M  S  G  N  A  K  B
S  A  J  V  C  C  Y  R  L  I  O  G  L  K
G  K  C  C  V  S  F  I  R  D  U  L  H  D
L  K  K  H  C  C  O  H  U  T  E  N  A  U
E  R  R  G  W  L  L  Q  C  B  L  O  N  D
I  N  A  R  I  A  N  Y  W  G  X  G  W  Y
N  E  W  H  L  D  A  S  B  U  T  Q  O  W
I  W  F  U  L  D  E  U  Q  X  A  G  R  L
O  S  Q  B  I  E  K  H  S  N  J  L  B  L
G  Z  W  M  V  M  V  C  T  Y  U  R  I  D
O  L  Q  X  R  P  N  W  Z  E  C  R  Y  A
R  M  O  E  L  R  O  R  O  Y  L  H  R  J
N  G  M  Z  S  T  U  T  A  H  H  P  N  H
H  B  L  R  I  S  L  T  E  B  Y  R  E  E
```

GWYN	BLOND
SGLEINIOG	HIR
CURLS	BROWN
MOEL	ARIAN
LLWYD	DU
LLIW	IACH
BYR	SYCH
CYRLIOG	MEDDAL
TENAU	PLETHEDIG
TRWCHUS	BLETHI

66 - Criatividade

```
G A R G R A F F U E Y N K O
B R E D R U L G E A D Y D D
D U E A U D Y C H Y M Y G Q
F L D D A L M I E T Y L L D
F L S D D E S Y W D L S V E
E E U Y S F V S T U N I D L
H M H W I O I T X C X E D W
Y Y O R U A D A L M I E T E
L G Q S T P O D B S C N R D
I I B Y I E F G I H I B Y D
F D G L K Y A R T I S T I G
E R E I B T N A I G E N Y M
D B H D G I T A M A R D V I
D I C U B J N D U A F R N R
```

ARTISTIG

DELWEDD

DILYSRWYDD

DYCHYMYG

EGLURDER

ARGRAFF

DRAMATIG

DWYSEDD

EMOSIYNAU

GREDDF

DIGYMELL

BUDDSODDI

MYNEGIANT

TEIMLAD

HYLIFEDD

TEIMLADAU

67 - Dias e Meses

```
E  D  B  P  A  D  V  N  P  T  L  B  U  D
C  D  Y  L  S  S  Y  D  P  C  T  X  I  Y
A  C  J  D  W  U  M  D  M  I  S  P  O  D
L  U  S  D  D  Y  D  T  D  K  W  I  N  D
E  M  E  D  I  S  D  J  D  L  A  G  A  G
N  R  T  M  K  O  A  D  J  C  L  H  W  W
D  H  A  Z  F  N  E  D  Y  M  D  U  R  E
R  A  C  C  E  H  K  N  W  N  H  E  N  N
O  G  H  H  R  T  L  L  I  R  B  E  E  E
N  F  W  J  D  Y  T  U  F  Y  N  D  K  R
A  Y  E  Q  Y  W  D  Y  D  D  I  A  U  Y
M  R  D  C  H  W  E  F  R  O  R  S  K  B
Y  I  D  G  O  R  F  F  E  N  N  A  F  J
J  P  K  M  E  H  E  F  I  N  I  L  A  H
```

EBRILL	MIS
AWST	TACHWEDD
BLWYDDYN	HYDREF
CALENDR	DYDD IAU
RHAGFYR	DYDD SADWRN
DYDD SUL	DYDD LLUN
CHWEFROR	WYTHNOS
IONAWR	MEDI
GORFFENNAF	DYDD GWENER
MEHEFIN	

68 - Saúde e Bem Estar #2

```
H  U  O  V  W  A  Y  N  N  I  F  E  K  C
C  A  D  E  A  W  G  T  P  E  K  R  M  L
A  S  I  O  T  A  U  Q  Y  V  W  O  D  E
I  Y  D  N  A  T  R  A  H  B  R  K  A  F
Y  W  N  I  T  R  I  C  P  H  S  Z  I  Y
U  P  E  L  T  Z  F  F  H  V  F  Y  L  D
H  L  L  Y  W  V  V  F  F  W  N  N  U  M
P  A  Y  T  A  A  I  R  O  L  A  C  E  L
Q  R  H  A  N  A  T  O  M  E  G  E  R  L
G  E  N  E  T  E  G  C  J  G  Q  L  T  P
H  F  D  E  I  E  T  X  A  Z  I  C  T  H
A  D  A  L  E  R  G  E  D  D  E  F  N  U
H  A  Q  N  N  A  T  H  W  Y  L  I  A  U
P  U  F  I  T  A  M  I  N  N  D  O  W  K
```

ALERGEDD	HYLENDID
ANATOMEG	YSBYTY
ARCHWAETH	HWYLIAU
CALORI	HAINT
CORFF	TYLINO
DEIET	PWYSAU
TREULIAD	ADFER
CLEFYD	GWAED
YNNI	IACH
GENETEG	FITAMIN

69 - Geografia

```
K S D N A F O N C O W O D C
M U N A K Y D D Y N Y M E E
J Ô X I V Z M C F C U V U F
I N R D W T V D A V U H K N
J M G I E E D G N G C E B F
S E E R A F L N D C H M Y O
P C G E E V N L I G D I D R
H I U M Y N Y S R J E S D A
A T L A S A N I D O R F E T
L L E D R E D G C P G F L S
G W L A D V P M H B W E G X
D F H T R A B N A H R R O Q
V F L Y H G D I L P I I G J
T I R I O G A E T H S D K P
```

UCHDER	MYNYDD
ATLAS	BYD
DINAS	GOGLEDD
CYFANDIR	CEFNFOR
HEMISFFER	GORLLEWIN
YNYS	GWLAD
LLEDRED	RHANBARTH
MAP	AFON
MÔR	DE
MERIDIAN	TIRIOGAETH

70 - Antártica

```
T Y M H E R E D D L X M Y R
P A B Z N R M K O C Y W N H
E C M U D B A E L Y N Y U E
N A T G D H Q Â I F Y N Z W
G D O O Y J T K F A S A K L
W W P I L L T I R N O U D I
I R O G I O C Y O D E W V F
N A G I W N D H M I D J M O
I E R E H O C Ŵ E R D O U E
A T A R C D S V R D T L D D
I H F C M D H A X O D E O D
D J F L Y Y W P E N R H Y N
Q X E B D W D A I T H V W Q
F O G I E G Z H B E E Y S B
```

AMGYLCHEDD
DŴR
BAE
MORFILOD
GWYDDONOL
CADWRAETH
CYFANDIR
DAITH
RHEWLIFOEDD
IÂ

YNYSOEDD
YMCHWILYDD
MUDO
MWYNAU
PENRHYN
PENGWINIAID
CREIGIOG
TYMHEREDD
TOPOGRAFFEG

71 - Flores

```
X R X Y P P F S M Y Q T T R
M G O L E L P J K I F C L R
T E A V O L I L Y P K W L Y
I M I T N A F A L O F G Y R
N K L L Y N X M C T M I G O
A D O J L W E L L Y T N A D
I H N S A I H R Q K I Y D O
R B G N T S O I B A P S Y A
I X A C E H M N B K F O D Z
E D M D P Y K I X I W H Y X
G A R D E N I A N B S R D J
E P L U M E R I A E U C D R
T O K S T I W L I P T Y U Z
W S N X B D U R F G X Z Z S
```

TUSW	LLYGAD Y DYDD
DANT Y LLEW	TEGEIRIAN
GARDENIA	PABI
HIBISCUS	PEONY
JASMINE	PETAL
LAFANT	PLUMERIA
LELOG	RHOSYN
LILY	MEILLION
MAGNOLIA	TIWLIP

72 - Fazenda #1

```
O F F G L Ê M Y Y Q R I B G
L L O I A P D O E P H S U W
T I R F A G Ŵ D C V E S W E
B C O W Z T R D J H U M C N
C E F F Y L B I N T Y S H Y
O H D Y P C P A F I J N D N
U C A S Y N H D Q A R E G G
D L Y C M C U E T T Q F W S
I D U W N A N L S R I F A Q
J G O L I J E L Z W R Y I H
C X W Q Q Â F S J G C B R J
F R Â N X L R I W T A L J K
T E E K W T Q M O T T I X E
Y I W R E I S A E S H P U S
```

GWENYN	FRÂN
REIS	GWAIR
DŴR	GWRTAITH
LLO	CYW IÂR
ASYN	CATH
GAFR	MÊL
MAES	MOCHYN
CEFFYL	DDIADELL
CI	TIR
FFENS	BUWCH

73 - Livros

```
Y H A N E S Y D D O L J H D
T S L O S A N H T R E P H E
R I G E A U O L W I F D A U
A D P R P Z Z O H S O I D O
S D H U I I P D C N N E R L
I O Z T L F G D T U Q Z O I
G S Y N Q F E Y W T I X D A
D D T A B B T N N S J M D E
D D A O D S A E E E L V W T
R U E X R N E L A D U T R H
E B V A T I T L H D I M U F
C A S G L I A D W Y Q G D W
E B Y C Y F R E S C A K W Q
D A R L L E N Y D D I V A G
```

AWDUR
ANTUR
CASGLIAD
CYD-DESTUN
DEUOLIAETH
YSGRIFENEDIG
EPIG
STORI
HANESYDDOL
BUDDSODDI

DARLLENYDD
LLENYDDOL
ADRODDWR
TUDALEN
CERDD
PERTHNASOL
NOFEL
CYFRES
TRASIG

74 - Chocolate

```
Q  C  C  D  G  A  A  X  X  W  C  H  R  E
X  R  N  W  W  A  Y  L  P  N  Y  T  Y  G
O  E  A  M  R  Z  B  W  O  V  N  N  S  S
C  F  U  Z  T  E  C  F  W  O  H  F  Á  O
W  F  C  V  H  C  W  H  D  H  W  D  I  T
G  T  O  K  O  X  S  H  R  B  Y  D  T  I
A  W  C  S  C  N  O  A  C  L  S  W  X  G
L  Y  O  I  S  Y  L  E  M  A  I  A  X  T
O  R  A  W  I  C  E  C  Y  S  O  S  L  E
R  Y  C  G  D  B  M  A  L  U  N  N  J  B
Ï  H  A  R  I  C  A  E  R  S  W  A  P  O
A  O  C  E  O  R  R  Y  B  O  P  T  R  V
U  F  H  D  L  G  A  T  F  X  G  X  W  X
P  F  Z  A  Q  T  C  G  M  S  I  L  Z  I
```

SIWGR	BLASUS
CHWERW	MELYS
GWRTHOCSIDIOL	EGSOTIG
AROGL	HOFF
CREFFTWYR	BLAS
CACAO	CYNHWYSION
GALORÏAU	POWDR
CARAMEL	ANSAWDD
CNAU COCO	RYSÁIT

75 - Governo

```
R  H  Y  D  D  I  D  O  Y  I  T  C  A  C
M  A  E  C  C  E  T  G  B  T  R  Y  N  Y
L  O  R  W  N  R  A  B  D  W  A  D  N  F
S  Q  O  W  Q  K  Q  V  P  H  F  R  I  R
Z  I  N  C  E  B  B  V  L  W  O  A  B  A
Y  N  F  F  E  I  E  O  J  C  D  D  Y  I
E  N  B  I  I  N  N  O  W  H  A  D  N  T
A  F  F  K  L  O  E  Y  R  P  E  O  I  H
A  R  D  A  L  P  H  D  D  T  T  L  A  N
S  Y  M  B  O  L  T  C  L  D  H  D  E  O
C  G  L  L  M  Q  I  I  W  Y  O  E  T  F
L  R  E  D  N  W  A  I  F  Y  C  B  H  W
A  H  T  E  A  I  R  W  D  A  L  W  X  V
I  L  O  H  T  E  A  L  D  E  N  E  C  J
```

SIFIL	CYFIAWNDER
ARAITH	CYFRAITH
TRAFODAETH	RHYDDID
ARDAL	ARWEINYDD
WLADWRIAETH	HENEB
CYDRADDOLDEB	CENEDLAETHOL
ANNIBYNIAETH	CENEDL
BARNWROL	SYMBOL

76 - Jardinagem

```
Q  T  K  R  E  D  H  T  I  E  L  L  M  K
T  U  J  P  Y  D  G  I  T  O  S  G  E  U
S  S  W  V  S  W  F  U  N  Y  D  O  L  B
O  W  Z  X  H  A  D  A  U  S  U  B  I  W
P  R  I  D  D  B  C  H  J  Y  A  A  A  P
M  O  Ŵ  Q  B  O  Y  T  G  H  D  W  D  W
O  B  T  D  E  T  N  E  P  W  O  O  D  S
C  W  Y  T  R  A  H  A  E  I  L  L  X  D
D  Y  M  J  L  N  W  G  X  W  B  E  F  Y
G  T  H  D  L  E  Y  O  E  C  L  E  U  J
R  A  O  O  A  G  S  W  G  I  G  B  L  J
M  D  R  I  N  O  Y  Y  E  C  O  X  O  L
B  W  O  V  L  L  D  H  Z  F  M  H  G  G
P  Y  L  V  S  G  D  R  H  S  F  R  U  U
```

DŴR	DAIL
BOTANEGOL	PIBELL
TUSW	BERLLAN
HINSAWDD	CYNHWYSYDD
BWYTADWY	TYMHOROL
COMPOST	HADAU
RHYWOGAETHAU	PRIDD
EGSOTIG	BAW
BLODYN	LLEITHDER
BLODAU	

77 - Profissões #2

```
F I L P S O P D I B D P D L
G F D H R N E D T I R E I L
F B O C W Y I Y A O W I T Y
L K Q T D S L N G L R R E F
F Q L K O X O U Y E U I C R
A F W F F G T L D G D A T G
T V E C O R R R D Y A N I E
H G A R G X P A E D I N F L
R Y D H M J L D F D D Y Z L
O D G X T W M E W F D D P Y
D D D H O Z R P A I Y D L D
P E I N T I W R L O W D D D
J M D G X F U F L S E F D G
Y M C H W I L Y D D N V X C
```

FFERMWR
GOFODWR
LLYFRGELLYDD
BIOLEGYDD
LLAWFEDDYG
DITECTIF
PEIRIANNYDD
FFOTOGRAFFYDD

DARLUNYDD
YMCHWILYDD
NEWYDDIADURWR
MEDDYG
PEILOT
PEINTIWR
ATHRO

78 - Café

```
C Y L C D Ŵ R S Z E M L C A
H V G H A P R I S A A K C M
W Z P Y I F O A Y U R E L R
E U Z L D O F P H F H I L Y
R D O I D W P E N J O J A W
W L L F R P E R I T S P E I
J Z D L A E T O E N T B T A
X K I Q T I R B C D E Y H E
Q T H S Z C B N W B F F S T
Y Q S S I W G R P I S X U H
I S U A B G B R A Z C Z X H
Z J D L G O R A N Q V B S H
I P W B A Q N L W T Y W P S
B N L W N M B M D N M A K V
```

SIWGR   LLAETH
CHWERW   HYLIF
AROGL   BORE
RHOST   MALU
DŴR   TARDDIAD
DIOD   PRIS
CAFFEIN   DU
CWPAN   BLAS
HUFEN   AMRYWIAETH
HIDLO

79 - Negócios

```
I  N  C  W  M  C  X  M  X  R  C  S  R  E
N  H  Y  L  H  M  Y  I  R  C  Z  W  B  C
M  K  T  E  Z  Z  K  L  L  Q  Y  Y  F  O
W  F  N  E  Q  B  P  N  L  L  A  D  K  N
C  A  W  P  R  O  V  G  R  I  X  D  G  O
D  K  H  G  Q  T  A  L  L  Y  D  F  C  M
B  U  D  D  S  O  D  D  I  A  D  A  Y  E
K  K  N  K  C  X  F  G  Y  R  F  A  F  G
N  W  Y  D  D  A  U  F  R  Z  H  M  L  A
C  Y  F  L  O  G  A  I  A  P  U  Q  O  R
B  A  R  W  Y  C  A  E  K  T  Z  O  G  I
G  L  C  F  P  O  I  S  D  F  R  X  W  A
T  N  W  O  G  S  I  D  M  R  A  I  R  N
H  F  S  H  S  T  C  Y  L  L  I  D  E  B
```

GYRFA	FFATRI
COST	CYLLID
DISGOWNT	TRETHI
ARIAN	BUDDSODDIAD
ECONOMEG	SIOP
CYFLOGAI	ELW
CYFLOGWR	NWYDDAU
CWMNI	CYLLIDEB
SWYDDFA	INCWM

80 - Fazenda #2

```
H P H R I L A M A H L A X U
H H T I N E W G R A L E O Z
G W Y D D A U E W I Y D T Q
U M W F P Z U A M D S D R D
H N R O C T M N R D I F A Y
Y B F W X V L I E S A E C F
B S F I R G L F F O U D T R
U E G E A W A E F X G N O H
R X R U Y Q E I Z U P I R A
D E W L B A T L Ô D Y P C U
B Z D Z L O H I B U G A I L
R M A Q T A R A D E F A I D
K R B O R H N I E X K P Q J
A J M Q R N E D A Y W H U X
```

FFERMWR
ANIFEILIAID
YSGUBOR
HAIDD
CIG OEN
FFRWYTH
GWYDDAU
DYFRHAU
LLAETH
LAMA

AEDDFED
CORN
DEFAID
BUGAIL
HWYADEN
BERLLAN
DÔL
TRACTOR
GWENITH
LLYSIAU

81 - Jardim

```
W N U P O E M H U I D K G G
G B C M U H A M M O C K A L
L C T N S N E F F X W J R A
I I O V Y Î P I B E L L E S
P C M E B L O D Y N M R J W
W A H R D O B C A V A H E E
L G W S D P E Y Q S I A Z L
L K K D I M J N Z L N C M L
I C R O R A E T F O C A U T
E V H B P R C E F O O G T P
K K D W Q T V D L L W Y N O
I Y X W Y A D D Y W N I W B
T E R A S N G A R D D Z A B
V T O C R T X O O D C J L W
```

RHACA	GARDD
LLWYN	PWLL
COED	HAMMOCK
MAINC	PIBELL
FFENS	RHAW
CHWYN	PRIDD
BLODYN	TERAS
GAREJ	TRAMPOLÎN
GLASWELLT	CYNTEDD
LAWNT	WINWYDD

82 - Política

```
C W E I T H R E D O L L T E
Y E U C U Y M G E I S Y D D
D M N R A B Q X H F E O O C
B I G E S E O M O L G P V Y
V N E Y D S K M S G P I C D
Y B Z E R L B V E M O Q T R
V H G R Q C A S U Q L Q T A
R Y E Y C L H E M S I W E D
R O G L L Y W P T V S H N D
T R E T H I N W V H I B O O
R H Y D D I D G B I O D P L
U V H T E A R D O W Y L L D
G W L E I D Y D D R T U Z E
P O B L O G R W Y D D A F B
```

WEITHREDOL
YMGYRCH
YMGEISYDD
PWYLLGOR
CYNGOR
DEWIS
MOESEG
LLYWODRAETH

CYDRADDOLDEB
TRETHI
RHYDDID
CENEDLAETHOL
BARN
POLISI
GWLEIDYDD
POBLOGRWYDD

83 - Oceano

```
I  T  W  G  S  C  V  O  P  H  C  W  C  P
K  I  G  J  M  K  T  X  Y  O  A  T  E  X
K  W  K  L  C  R  A  I  S  D  U  L  N  I
Y  N  Z  T  C  I  I  R  G  W  D  C  E  Z
B  A  Q  S  W  S  W  P  O  T  C  O  L  N
U  E  Q  M  R  O  T  S  D  Q  L  E  L  A
A  R  R  L  E  K  U  S  R  I  J  H  Y  B
N  N  Q  D  L  I  F  R  O  M  G  Y  S  W
N  O  S  P  Y  D  O  L  F  F  I  N  Y  R
O  M  D  P  Y  S  Y  R  T  S  Y  W  W  C
T  Y  P  D  D  U  B  F  P  K  U  N  O  N
L  W  F  P  I  J  J  X  D  W  Y  A  D  A
S  G  L  E  F  R  O  D  M  Ô  R  L  Q  R
I  K  B  W  Q  I  X  A  J  S  R  L  N  C
```

GWYMON	LLANW
TIWNA	SGLEFROD MÔR
MORFIL	TONNAU
CWCH	WYSTRYS
BERDYS	PYSGOD
CRANC	OCTOPWS
CWREL	HALEN
LLYSYWOD	CRWBAN
NODDI	STORM
DOLFFIN	SIARC

84 - Profissões #1

```
G W Y D D O N Y D D Y S G P
S E I C O L E G Y D D T O I
D I F F O D D W R T Â N L A
V F H E M D I V Y S S R Y N
U D N Y M Y F P W E H M G Y
V V H L I M A D L T I A Y D
M T E P Q E J A E I R L D D
A G G K C G X E H R N M D S
R R W I S N W A D C G O X Q
P E T E Y Y V R O D D R E C
F Y Z I Z Y K E C T C W N X
C Y R R S W H G O M I R J Q
B V P E Y T R W D D Y R E S
P L Y M W R P R W I C N A B
```

ARTIST
SERYDDWR
BANCIWR
DIFFODDWR TÂN
HELWYR
GWYDDONYDD
DAWNSIWR
GOLYGYDD

PLYMWR
NYRS
DAEAREGWR
GEMYDD
MORWR
CERDDOR
PIANYDD
SEICOLEGYDD

85 - Força e Gravidade

```
E O F A J G M A G N E T E G
I R F R Y I D E I U I C L E
D B R E S M A H N U I Y L H
D I I L X A I R N S E D P A
O T T I A N D H Y Q A T U N
S Q H P N Y D D C N H X O G
J G I P L D Y F F I S E G U
F E A H O A F E C H E L D J
M N N I N E N E F F A I T H
D A T K A P A E P W Y S A U
U C I W C N G M D R U K H E
N E W N U X R L M A E O F R
M M H N T Q A Z F X U J G X
C Y F L Y M D E R G T J Z F
```

FFRITHIANT
CANOL
DARGANFYDDIAD
DYNAMIG
ECHEL
EHANGU
FFISEG
EFFAITH
MAGNETEG

MAINT
MECANEG
CYNNIG
ORBIT
PLANEDAU
PWYSAU
EIDDO
CYFLYMDER
AMSER

86 - Abelhas

```
H C W C G R R R T V B A E Z
P A N A W Z A Y R Q U M A Q
S R I Z M Q N S U A D O L B
S M Y D X E M L A H D K Ê B
U I L F A G T Z M A I K M R
D D Y N E D A S R U O E C E
P A I L L D W C Y L L P W N
F F R W Y T H Y W S Y E Y H
R A Z B I R B N I X O S R I
B T T A R A L E A O G C Z N
Z N I B N E O F E W A I E E
M V Y D J Y D I T T R E Z S
X C S Y N Y Y N H F D O W E
N O I G I H N A L P D Y Z T
```

ADENYDD
BUDDIOL
CWYR
CWCH
AMRYWIAETH
ECOSYSTEM
HAID
BLODYN
BLODAU
FFRWYTH

MWG
CYNEFIN
PRYFED
GARDD
MÊL
PLANHIGION
PAILL
BRENHINES
HAUL

87 - Ciência

```
E  A  K  E  Q  D  I  E  E  Q  G  D  I  D
E  O  W  B  F  W  A  R  B  R  A  D  D  I
G  L  S  B  E  R  U  T  A  N  K  A  K  S
P  R  M  W  Y  N  A  U  A  D  D  M  X  G
L  E  O  H  T  I  A  F  F  D  X  C  L  Y
A  S  T  N  Q  H  P  G  J  Y  D  A  A  R
N  B  A  F  Y  T  Z  J  R  N  U  N  B  C
H  L  U  F  T  N  M  E  Z  O  L  I  O  H
I  Y  A  I  I  V  N  F  G  D  L  A  R  I
G  G  G  S  I  V  U  A  R  D  I  E  D  A
I  I  S  E  G  L  U  Y  U  Y  S  T  Y  N
O  A  W  G  E  A  M  D  R  W  O  H  Y  T
N  D  D  W  A  S  N  I  H  G  F  W  J  W
M  O  L  E  C  I  W  L  A  U  F  A  Z  T
```

ATOM
GWYDDONYDD
HINSAWDD
DATA
ESBLYGIAD
ARBRAWF
FFAITH
FFISEG
FFOSIL
DISGYRCHIANT

DDAMCANIAETH
LABORDY
DULL
MWYNAU
MOLECIWLAU
NATUR
ORGANEB
GRONYNNAU
PLANHIGION

88 - Comida #1

```
Z  J  G  S  S  A  L  A  D  M  E  F  U  S
L  B  U  S  F  T  L  I  M  J  E  B  F  N
M  O  G  N  P  F  Y  Y  S  R  G  W  I  S
C  A  X  E  W  T  C  L  W  A  C  G  X  S
T  A  I  J  T  V  I  D  G  E  B  L  Y  I
H  C  C  P  M  K  R  W  Z  A  W  L  Y  N
D  S  J  E  H  E  B  Y  D  D  I  A  H  A
D  K  R  G  N  O  R  O  M  U  R  E  Q  M
F  W  J  D  O  R  N  E  L  A  H  T  B  O
Q  H  O  G  I  M  U  E  S  N  D  H  I  N
I  T  U  B  N  O  M  E  L  C  C  G  M  B
I  V  D  D  U  S  B  I  G  O  G  L  Y  S
G  A  R  L  L  E  G  J  Y  T  I  W  N  A
X  W  K  V  W  A  K  I  F  H  U  D  T  K
```

SIWGR	SBIGOGLYS
GARLLEG	LLAETH
CNAU DAEAR	LEMON
TIWNA	BASIL
CACEN	MEFUS
SINAMON	MAIP
UNION	HALEN
MORON	SALAD
HAIDD	CAWL
BRICYLL	SUDD

89 - Geometria

```
D I M E N S I W N S L C S U
B C H T M I G V H E L Y D C
C Y L C H À X U H G O F O H
O N G L P B S F W M R O P D
K P D M F W Z I K E W C D E
Q T A X I G Y Z B N E H I R
C N I J R N V N G T D R A F
H A F A L I A D E N D O M E
V R I H O L I L M B O G E R
Z F R B N M I I Y V L J D T
H Y F D A O B Q S E P L R I
M C Y T C R R X E X S S S G
V H C Z R G U D H O A G B O
T R I O N G L I R O E H T L
```

UCHDER
ONGL
CYFRIFIAD
CYLCH
GROMLIN
DIAMEDR
DIMENSIWN
HAFALIAD
LLORWEDDOL
RHESYMEG

MÀS
CANOLRIF
CYFOCHROG
CYFRAN
SEGMENT
WYNEB
THEORI
TRIONGL
FERTIGOL

90 - Pássaros

```
A D E R Y N I W G N E P C I
S Z O Â W Y S N U A P I I V
A O D I H W Y A D E N E C B
I H A W C K R C F J A Z O R
I Y S Y R Z T I N S C G N Z
L T C C A N S L F T W H I U
Q R F G L S E E G T T S A Y
S T P S A H Z P W Ŵ R Z F Z
C O L O M E N N O D Y G J A
W R B Y R D A Â E G Ë D O Q
C A K C H Z L G R Y R E D G
O P E R S J Y J V F C G Z U
J V X G S A W J O O Z T X S
V A J D S O G N I M A L F F
```

ESTRYS	CRËYR
ERYR	WY
CICONIA	PAROT
ALARCH	ADERYN
FRÂN	HWYADEN
GOG	PAUN
FFLAMINGO	PELICAN
CYW IÂR	PENGWIN
GWYLAN	COLOMENNOD
GŴYDD	TWCAN

91 - Literatura

```
C M D A I S O R T D F A B P
C A J E D R Y C H I N E B D
Y A S J I P E J J N J M B I
M R T G X A G I I A G T H S
H D E O L F L X Q C J I Z G
A D A V E I F O M H T Y H R
R U W B F U A U G B A R N I
I L D X O V T D G Z X G Q F
A L U G N B H D P L C X Q I
E T R F H M E R R U E Y O A
T A D Y W N M E G W I N D D
H A T B Z N A C T J J T L K
A D R O D D W R T E D H A L
P A J N A R C H W E D L Y X
```

CHWEDL   ADRODDWR
AWDUR   BARN
CYMHARIAETH   CERDD
CASGLIAD   ODL
DISGRIFIAD   RHYTHM
DEIALOG   NOFEL
ARDDULL   THEMA
FFUGLEN   DRYCHINEB
TROSIAD

92 - Química

```
L O V C O M O L E C I W L N
Y N P V D R H W U L I Z A I
K K R W D J G Y J Y B P L W
D Q L Z Y W N A L V U E C C
D G Z R L K V H N I C L A L
E O H C A R B O N I F F L E
R N O R T C E L E C G E Ï A
E O Y U A S Y W P L H N A R
H I L I C E D G T O R N I W
M A E N S Y M L F R N A D G
Y X L A S I D S R I Z U D H
T P S E R W G J M N F Y W O
G Q P C N E G O R D Y H J C
O C S I G E N H O J X L Q D
```

ALCALÏAIDD
ASID
GWRES
CARBON
CATALYDD
CLORIN
ELFENNAU
ELECTRON
ENSYM
NWY

HYDROGEN
ION
HYLIF
MOLECIWL
NIWCLEAR
ORGANIG
OCSIGEN
PWYSAU
HALEN
TYMHEREDD

93 - Clima

```
Z R U Q G H Y R Y M A Z D M
D F U H C P T A R A N A U C
T Y M H E R E D D S B D M W
U D R M O N S Ŵ N J Y Y F M
N D O M T S Y P U T M C E W
A D T B L P F N P M I E H L
S W S H L O N N A F O R T C
Y A Y W E L E W A B T A G O
C S I R M A A K O P J P V R
H N G Â G R N Q G C E Q X W
D I W N K Y T O R N A D O Y
E H Y T M W L W I N S T V N
R A N X Z A C C V F O E L T
X I T O Y D Q K H O Q K T J
```

ENFYS
AWYRGYLCH
AWEL
AWYR
HINSAWDD
CORWYNT
IÂ
MONSŴN
NIWL
CWMWL

POLAR
MELLT
SYCHDER
SYCH
TYMHEREDD
STORM
TORNADO
TROFANNOL
TARANAU
GWYNT

94 - Arte

```
P U N S H G W E L E D O L N
W W C W S W V K F K C R E U
N X K R P V Y Q D O U U M L
C L D E S P J L M Y S G S F
G I M A R E C Z I R X I O R
X I T L O B M Y S A F F N E
U A D A I T N E A P U F E C
Z J O E P E R S O N O L S G
E B R T N A I G E N Y M T K
T Q D H T E L H M Y C E Y V
X J P M V Y S B R Y D O L I
C Y F A N S O D D I A D B M
G W R E I D D I O L E N I J
P O R T R E A D U P O M W I
```

CERAMIG
CYMHLETH
CYFANSODDIAD
CREU
CERFLUN
MYNEGIANT
FFIGUR
ONEST
HWYLIAU
YSBRYDOLI

GWREIDDIOL
PERSONOL
PAENTIADAU
PORTREADU
SYML
SYMBOL
PWNC
SWREALAETH
GWELEDOL

95 - Diplomacia

```
D  Y  N  G  A  R  O  L  S  W  D  V  O  N
P  H  F  E  D  B  O  P  I  H  I  R  S  W
L  L  Y  S  G  E  N  N  A  D  N  C  L  C
I  Y  G  E  H  T  N  N  X  D  E  X  I  Y
W  J  R  O  M  A  R  T  B  Z  S  U  E  F
G  Z  L  M  D  D  E  O  H  T  I  E  I  I
U  W  D  D  E  O  H  C  R  Y  G  M  Y  A
O  B  R  D  I  O  G  E  L  W  C  H  H  W
P  I  H  T  E  A  D  O  F  A  R  T  Y  N
A  K  P  Y  H  D  A  T  R  Y  S  M  D  D
T  J  H  U  S  D  E  N  U  M  Y  C  T  E
T  L  S  K  R  K  A  W  C  Y  Z  B  F  R
L  O  I  H  T  I  E  R  F  Y  C  E  S  J
U  N  I  O  N  D  E  B  O  L  Q  P  Z  P
```

YMGYRCHOEDD	DYNGAROL
DINESIG	UNIONDEB
CYMUNED	CYFIAWNDER
GWRTHDARO	CYFREITHIOL
TRAFODAETH	IEITHOEDD
LLYSGENNAD	DATRYS
TRAMOR	DIOGELWCH
MOESEG	ATEB

96 - Comida # 2

```
C  X  G  V  P  A  N  F  D  M  W  T  D  M
U  I  A  W  K  N  Y  R  R  N  L  E  E  A
K  V  W  L  E  A  Z  J  R  M  A  F  L  D
C  O  Z  I  Y  N  O  M  L  A  O  W  C  A
Q  Z  K  R  D  A  I  E  W  A  Q  C  O  R
O  O  R  J  F  B  L  T  R  W  G  O  I  C
A  F  A  L  N  H  O  R  H  C  A  W  S  H
S  O  I  R  I  E  C  H  C  Y  W  I  Â  R
I  V  T  W  C  I  O  A  J  W  W  L  I  R
E  Q  W  A  Y  H  R  M  T  U  X  U  D  Y
R  S  E  V  M  Q  B  P  N  C  H  U  H  S
V  P  Y  S  G  O  D  X  C  O  Y  N  F  O
W  G  O  I  S  I  T  R  A  Q  X  H  X  R
E  G  G  P  L  A  N  T  H  S  R  C  E  C
```

ARTISIOG	IOGWRT
ALMON	CIWI
REIS	AFAL
BANANA	WY
EGGPLANT	PYSGOD
BROCOLI	HAM
CEIRIOS	CAWS
SIOCLED	TOMATO
MADARCH	GWENITH
CYW IÂR	

97 - Universo

```
N B Z Z Z D G I M S O C R A
R E F F S I M E H L O P J W
G T F N G O U M M L W L T Y
H A Y O S R A U A E N M A R
X Y S S L E L N E U U L F R
P W D J P T U K D A R R W Y
H Y O R C S J O I D W N S W
M Q D U E A C Y H Y D E D D
Z Q W I D D Y D I S D G E A
A W Y R G Y L C H F Y O R L
T E L E S G O P U K R R D E
O R B I T W X Y T C E W E W
G A L A E T H J L U S E L G
S E R Y D D I A E T H L L D
```

ASTEROID	GORWEL
SERYDDIAETH	LLEDRED
SERYDDWR	HYDRED
AWYRGYLCH	LLEUAD
NEFOL	ORBIT
AWYR	SOLAR
COSMIG	ATEB
CYHYDEDD	TELESGOP
GALAETH	GWELADWY
HEMISFFER	SIDYDD

98 - Jazz

```
R A N C K P P I A A T C S L
H R E E Y D K X L R E Y Y G
Y D T M W F E W B T C N G R
T D C Â N Y A P W I H G S C
H U E R U N D N M S N E I S
M L C T S A Z D S T E R A R
B L R A G E N R E O G D L Y
H E N L O E Q N N D D D S F
P Y U E W D T D Y D G D Y Y
L G V N N F I C W R R E W F
X A S T E P K F E D F O P R
D R Y M I A U G C D G E Q Y
C E R D D O R I A E T H F B
C E R D D O R F A W B P C F
```

ARTIST
ALBWM
DRYMIAU
CÂN
CYFANSODDWR
CYNGERDD
ARDDULL
PWYSLAIS
ENWOG
FFEFRYNNAU

GENRE
BYRFYFYR
CERDDORIAETH
NEWYDD
CERDDORFA
RHYTHM
TALENT
TECHNEG
HEN

99 - Barcos

```
P  J  W  P  W  B  A  G  E  G  W  O  W  G
X  E  A  N  G  O  R  R  Z  G  S  J  C  F
A  A  I  I  E  R  W  D  D  Y  R  U  S  N
Y  U  K  R  W  R  O  M  C  N  T  M  W  J
U  V  P  E  I  A  N  Y  L  L  F  C  Z  F
W  W  N  F  F  A  H  R  O  F  N  F  E  C
Z  F  N  F  Q  U  N  Y  R  P  U  B  P  J
O  P  P  C  D  L  O  T  W  Ô  L  N  A  Y
C  Y  Ŵ  T  S  L  F  Y  R  N  M  H  O  R
L  L  A  N  W  Y  A  W  O  D  M  W  K  S
X  A  F  F  A  Y  W  M  M  O  P  Y  O  K
C  A  I  A  C  C  I  Z  E  C  K  L  K  C
N  Y  H  K  M  S  R  X  J  H  F  I  E  N
T  O  N  N  A  U  C  K  R  F  J  O  V  M
```

ANGOR	MÔR
FFERI	LLANW
PRYNU	MORWR
CAIAC	MWYAF
CANŴ	PEIRIANT
RHAFF	MORWROL
DOC	CEFNFOR
HWYLIO	TONNAU
LLU	AFON
LLYN	CRIW

100 - Mamíferos

```
D  J  X  U  P  R  F  C  N  A  F  A  L  B
E  T  O  Y  O  C  F  E  I  L  M  H  L  L
F  W  P  F  T  N  A  F  F  I  L  E  E  A
A  C  A  T  H  K  R  F  F  R  I  Y  W  I
I  E  T  V  X  U  I  Y  L  O  F  J  R  D
D  Z  W  A  H  T  J  L  O  G  R  R  A  D
C  W  N  I  N  G  E  N  D  W  O  M  T  L
S  E  B  R  A  L  I  E  F  A  M  P  W  Z
M  W  N  C  I  L  L  W  Y  N  O  G  U  G
J  W  R  H  C  N  A  P  N  O  Z  S  C  Z
U  Q  P  C  T  A  O  N  R  N  Q  E  B  J
U  G  N  C  O  W  M  H  S  X  P  K  N  X
N  Z  L  I  N  Y  F  E  W  V  H  C  B  M
K  A  N  G  A  R  O  O  L  A  K  A  V  P
```

MORFIL	JIRAFF
CAMEL	DOLFFIN
KANGAROO	GORILA
AFANC	LLEW
CEFFYL	BLAIDD
CI	MWNCI
CWNINGEN	DEFAID
COYOTE	LLWYNOG
ELIFFANT	TARW
CATH	SEBRA

1 - Dirigindo

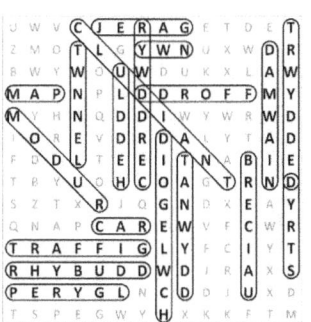

2 - Antiguidades

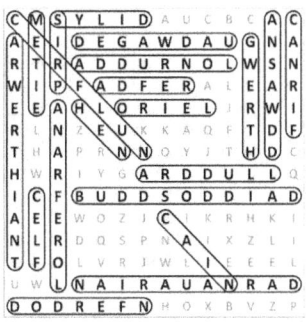

3 - Churrascos

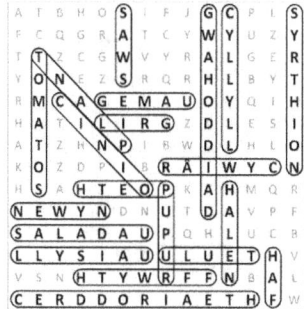

4 - Pesca

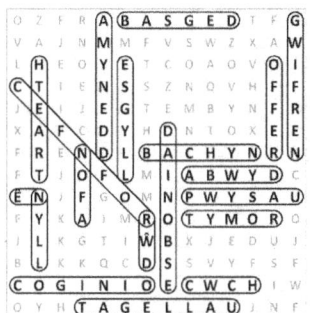

5 - Geologia

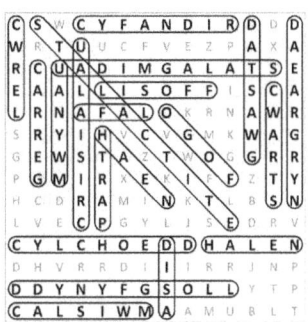

6 - Ética

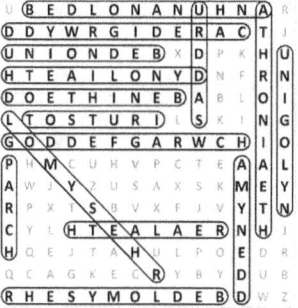

7 - Tempo

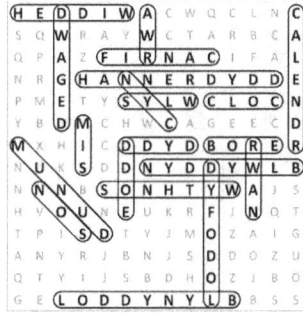

8 - Astronomia

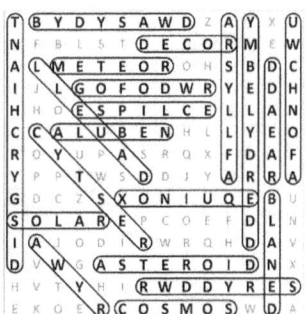

9 - Circo

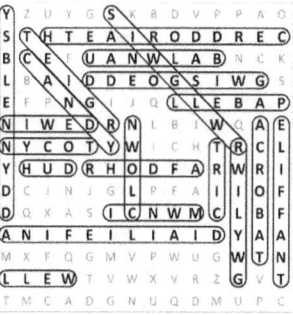

10 - Acampamento

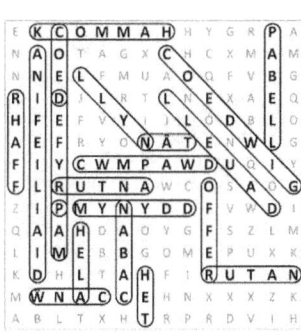

11 - Emoções

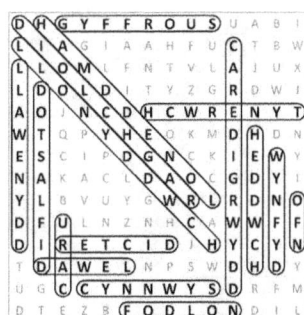

12 - Ficção Científica

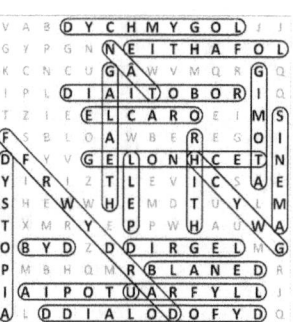

13 - Mitologia

14 - Medições

15 - Álgebra

16 - Plantas

17 - Veículos

18 - Engenharia

19 - Restaurante # 2

20 - Países #2

21 - Cozinha

22 - Números

23 - Física

24 - Especiarias

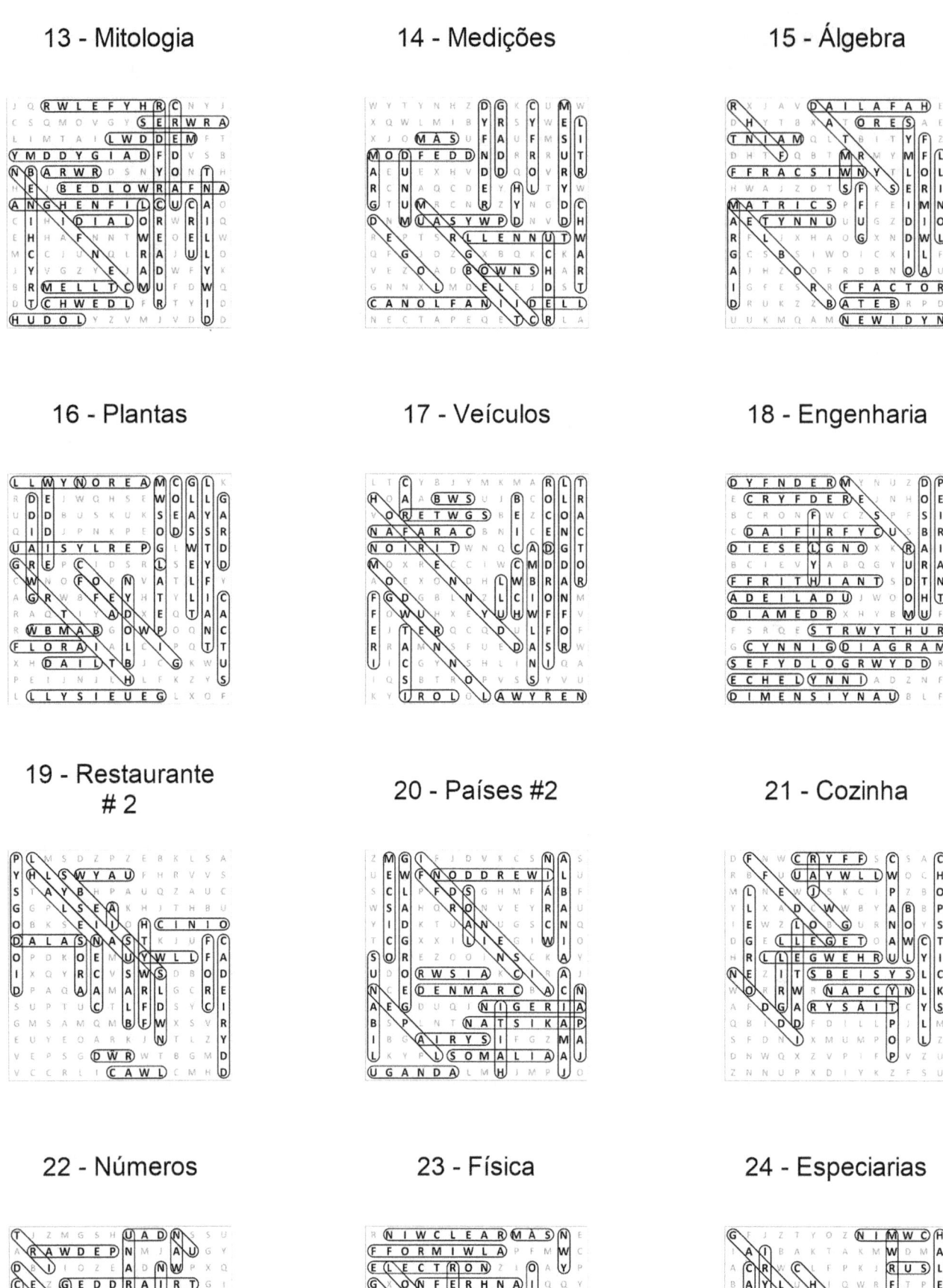

25 - Países #1

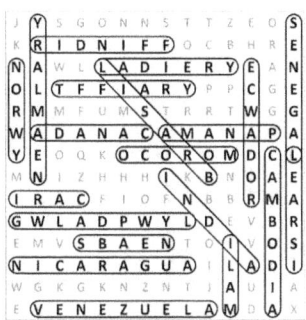

26 - A Mídia

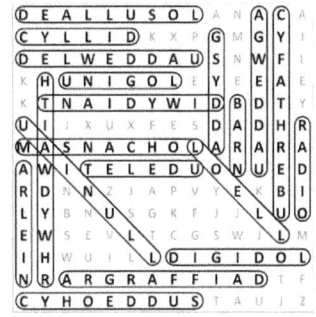

27 - Casa

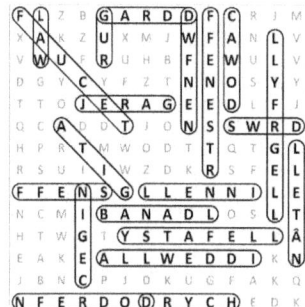

28 - Vegetais

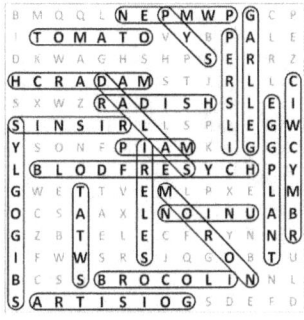

29 - Exploração

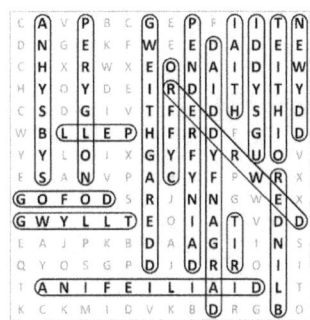

30 - Balé

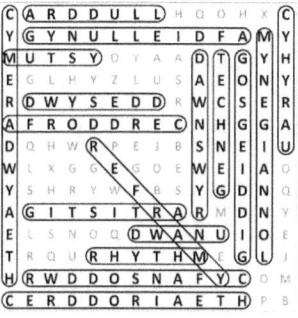

31 - Adjetivos #1

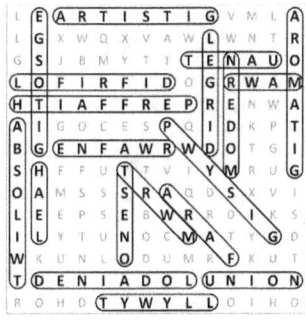

32 - Insetos

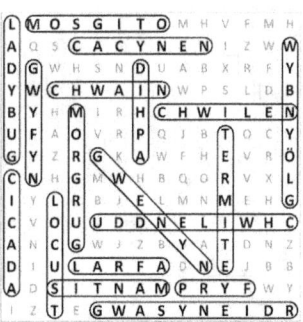

33 - Psicologia

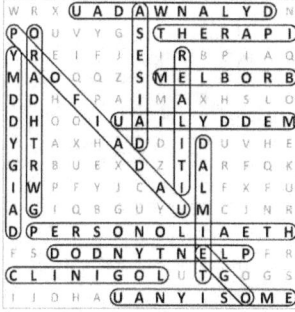

34 - Paisagens

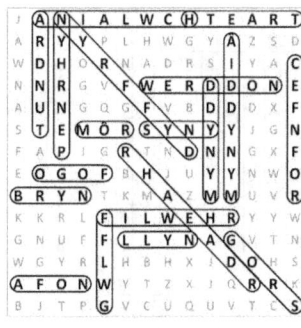

35 - Dança

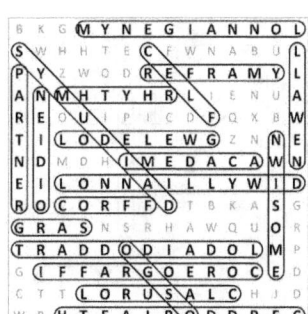

36 - Nutrição

37 - Energia

38 - Disciplinas Científicas

39 - Meditação

40 - Moda

41 - Adjetivos #2

42 - Roupas

43 - Herbalismo

44 - Arqueologia

45 - Esporte

46 - Frutas

47 - Corpo Humano

48 - Caminhada

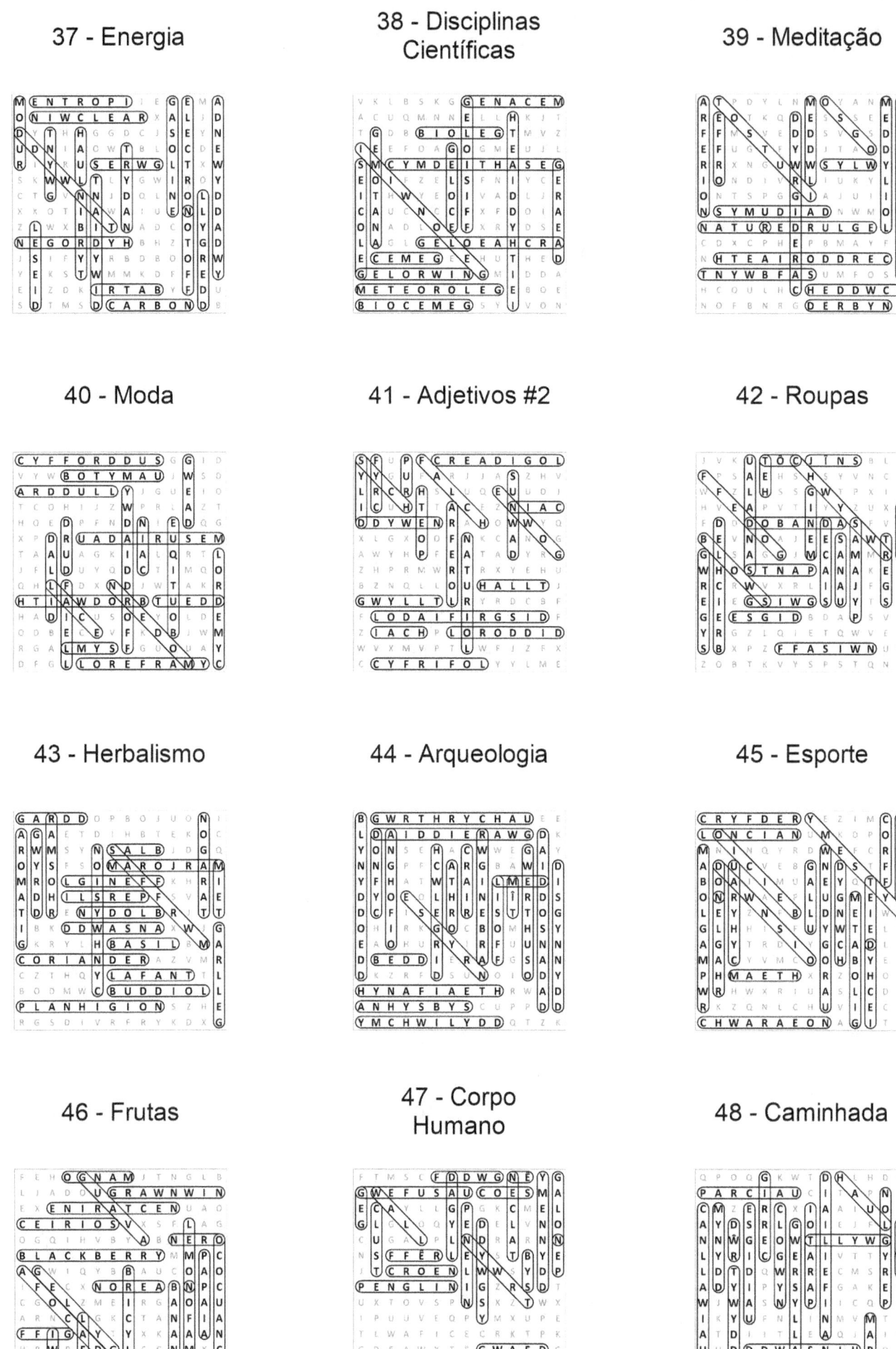

49 - Beleza

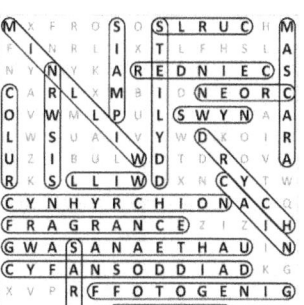

50 - Filantropia

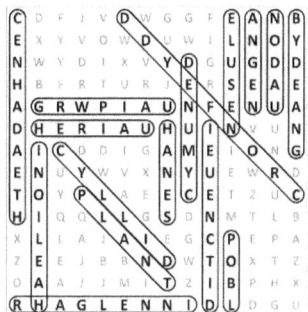

51 - Ecologia

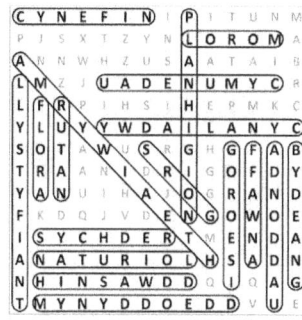

52 - Família

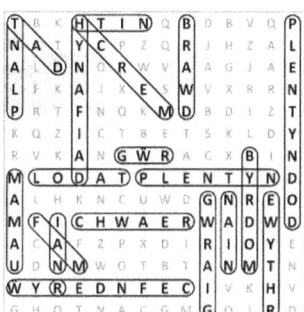

53 - Férias #2

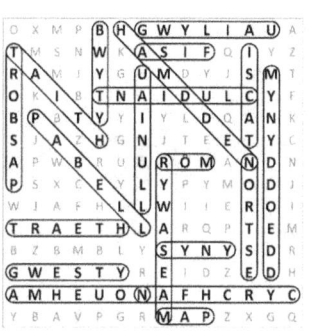

54 - Edifícios

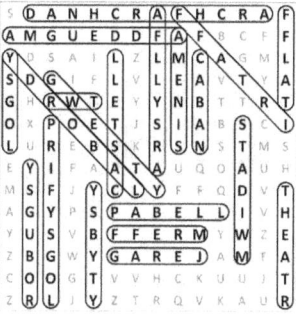

55 - Xadrez

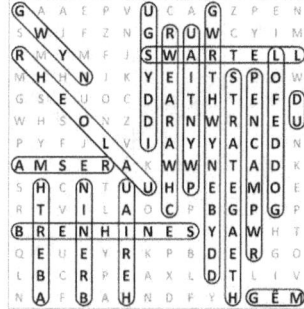

56 - Aventura

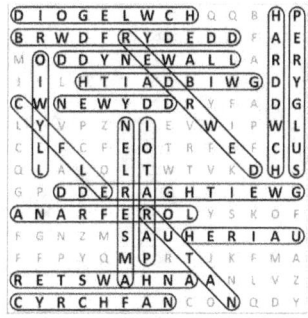

57 - Floresta Tropical

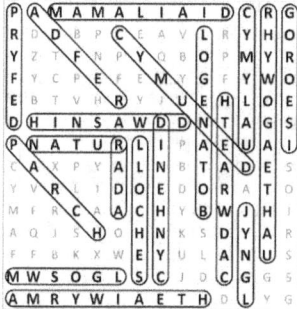

58 - Cidade

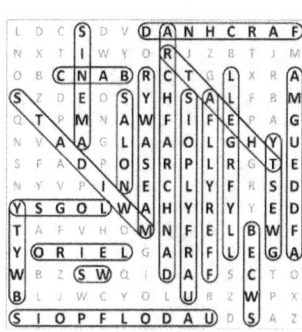

59 - Música

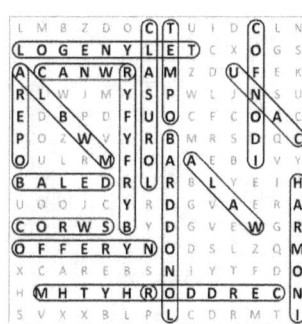

60 - Matemática

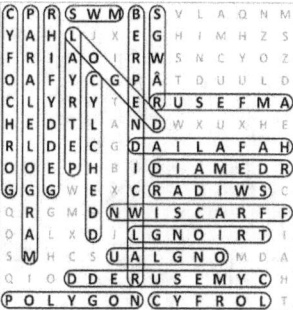

61 - Saúde e Bem Estar #1

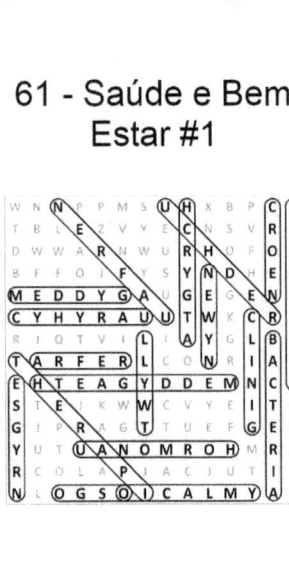

62 - Natureza

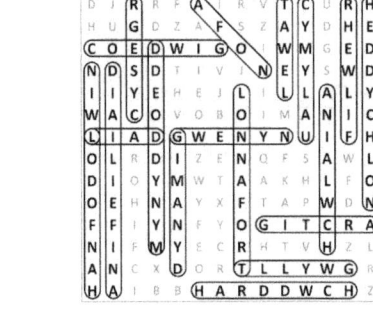

63 - A Empresa

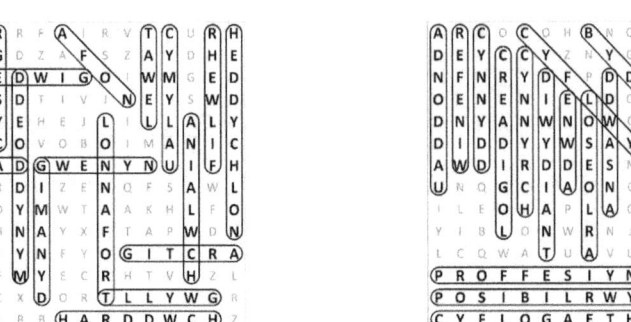

64 - Aviões

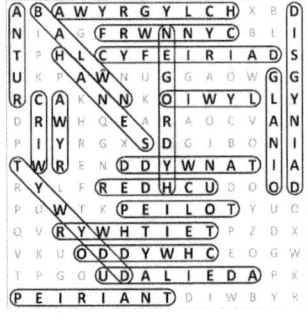

65 - Tipos de Cabelo

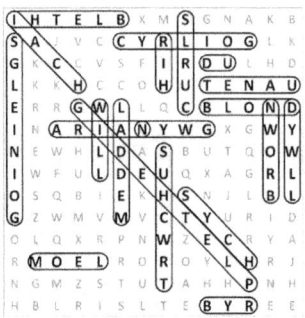

66 - Criatividade

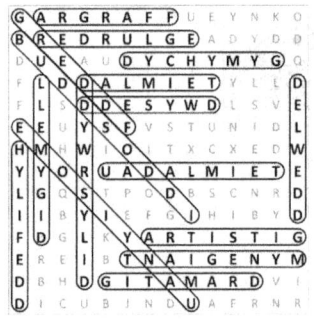

67 - Dias e Meses

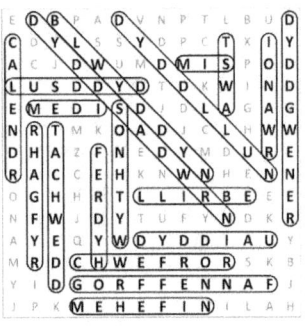

68 - Saúde e Bem Estar #2

69 - Geografia

70 - Antártica

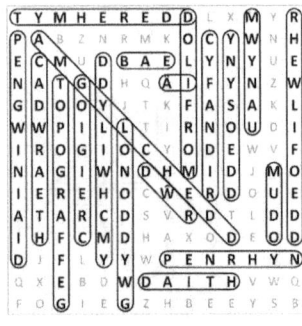

71 - Flores

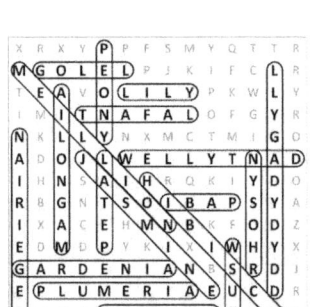

72 - Fazenda #1

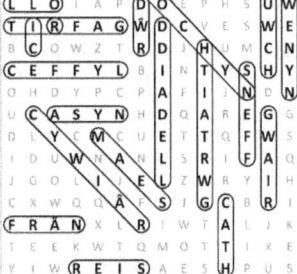

73 - Livros

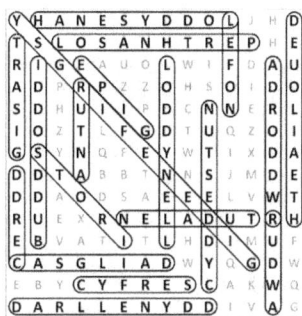

74 - Chocolate

75 - Governo

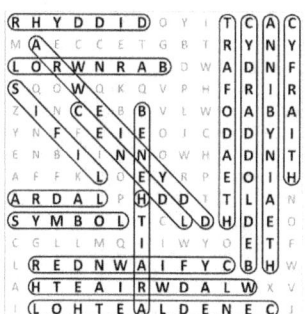

76 - Jardinagem

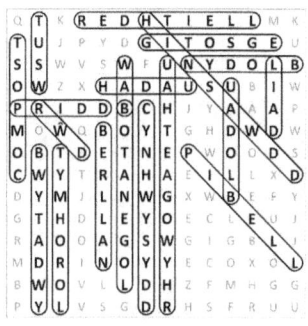

77 - Profissões #2

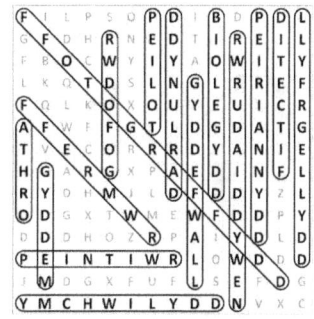

78 - Café

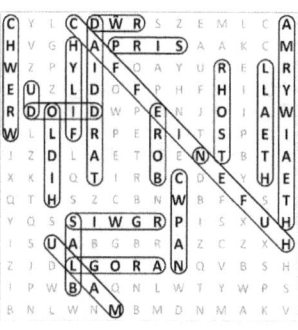

79 - Negócios

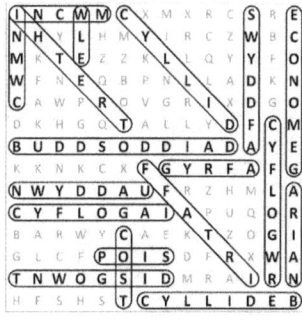

80 - Fazenda #2

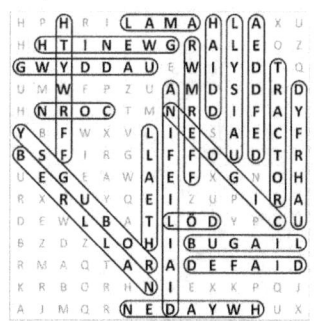

81 - Jardim

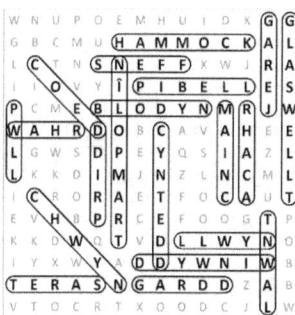

82 - Política

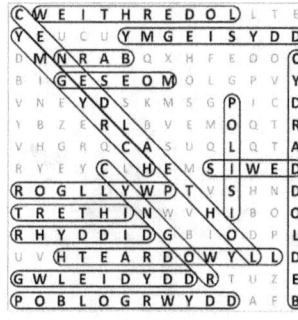

83 - Oceano

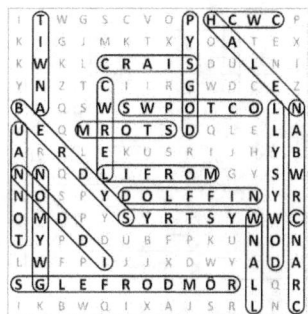

84 - Profissões #1

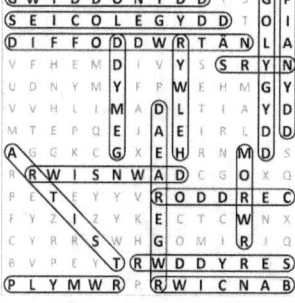

85 - Força e Gravidade

86 - Abelhas

87 - Ciência

88 - Comida #1

89 - Geometria

90 - Pássaros

91 - Literatura

92 - Química

93 - Clima

94 - Arte

95 - Diplomacia

96 - Comida # 2

97 - Universo

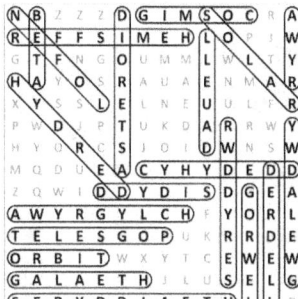

98 - Jazz

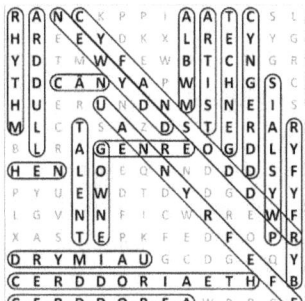

99 - Barcos

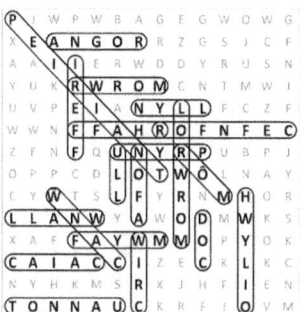

100 - Mamíferos

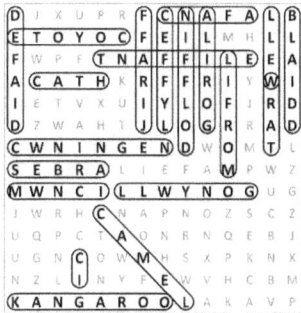

Dicionário

A Empresa
Y Cwmni

Apresentação	Cyflwyniad
Criativo	Creadigol
Decisão	Penderfyniad
Emprego	Cyflogaeth
Global	Byd-Eang
Indústria	Diwydiant
Inovador	Arloesol
Investimento	Buddsoddiad
Negócio	Busnes
Possibilidade	Posibilrwydd
Produto	Cynnyrch
Profissional	Proffesiynol
Progresso	Cynnydd
Qualidade	Ansawdd
Receita	Refeniw
Recursos	Adnoddau
Reputação	Enw Da
Riscos	Risgiau
Tendências	Tueddiadau
Unidades	Unedau

A Mídia
Y Cyfryngau

Atitudes	Agweddau
Comercial	Masnachol
Comunicação	Cyfathrebu
Digital	Digidol
Edição	Argraffiad
Educação	Addysg
Fatos	Ffeithiau
Financiamento	Cyllid
Fotos	Lluniau
Imagens	Delweddau
Individual	Unigol
Indústria	Diwydiant
Intelectual	Deallusol
Local	Lleol
Online	Ar-Lein
Opinião	Barn
Público	Cyhoeddus
Rádio	Radio
Rede	Rhwydwaith
Televisão	Teledu

Abelhas
Gwenyn

Asas	Adenydd
Benéfico	Buddiol
Cera	Cwyr
Colmeia	Cwch
Diversidade	Amrywiaeth
Ecossistema	Ecosystem
Enxame	Haid
Flor	Blodyn
Flores	Blodau
Fruta	Ffrwyth
Fumaça	Mwg
Habitat	Cynefin
Inseto	Pryfed
Jardim	Gardd
Mel	Mêl
Plantas	Planhigion
Pólen	Paill
Rainha	Brenhines
Sol	Haul

Acampamento
Gwersylla

Animais	Anifeiliaid
Aventura	Antur
Árvores	Coed
Bússola	Cwmpawd
Cabine	Caban
Caça	Hela
Canoa	Canŵ
Chapéu	Het
Corda	Rhaff
Equipamento	Offer
Floresta	Coedwig
Fogo	Tân
Inseto	Pryfed
Lago	Llyn
Lua	Lleuad
Maca	Hammock
Mapa	Map
Montanha	Mynydd
Natureza	Natur
Tenda	Pabell

Adjetivos #1
Ansoddeiriau # 1

Absoluto	Absoliwt
Aromático	Aromatig
Artístico	Artistig
Atraente	Deniadol
Enorme	Enfawr
Escuro	Tywyll
Exótico	Egsotig
Fino	Tenau
Generoso	Hael
Grande	Mawr
Honesto	Onest
Idêntico	Union
Importante	Pwysig
Lento	Araf
Misterioso	Dirgel
Moderno	Modern
Perfeito	Perffaith
Pesado	Trwm
Sério	Difrifol
Valioso	Gwerthfawr

Adjetivos #2
Ansoddeiriau # 2

Autêntico	Dilys
Criativo	Creadigol
Descritivo	Disgrifiadol
Dotado	Dawnus
Elegante	Cain
Famoso	Enwog
Forte	Cryf
Interessante	Diddorol
Natural	Naturiol
Normal	Arferol
Novo	Newydd
Orgulhoso	Falch
Produtivo	Cynhyrchiol
Puro	Pur
Quente	Poeth
Responsável	Cyfrifol
Salgado	Hallt
Saudável	Iach
Seco	Sych
Selvagem	Gwyllt

Antártica
Antarctica

Ambiente	Amgylchedd
Água	Dŵr
Baía	Bae
Baleias	Morfilod
Científico	Gwyddonol
Conservação	Cadwraeth
Continente	Cyfandir
Expedição	Daith
Geleiras	Rhewlifoedd
Gelo	Iâ
Geografia	Daearyddiaeth
Ilhas	Ynysoedd
Investigador	Ymchwilydd
Migração	Mudo
Minerais	Mwynau
Península	Penrhyn
Pinguins	Pengwiniaid
Rochoso	Creigiog
Temperatura	Tymheredd
Topografia	Topograffeg

Antiguidades
Hynafiaethau

Arte	Celf
Autêntico	Dilys
Decorativo	Addurnol
Décadas	Degawdau
Elegante	Cain
Escultura	Cerflun
Estilo	Arddull
Galeria	Oriel
Incomum	Anarferol
Investimento	Buddsoddiad
Item	Eitem
Leilão	Arwerthiant
Mobiliário	Dodrefn
Moedas	Darnau Arian
Preço	Pris
Qualidade	Ansawdd
Restauração	Adfer
Século	Canrif
Valor	Gwerth
Velho	Hen

Arqueologia
Archeoleg

Análise	Dadansoddiad
Anos	Blynyddoedd
Antiguidade	Hynafiaeth
Avaliação	Gwerthuso
Civilização	Gwareiddiad
Descendente	Disgynnydd
Desconhecido	Anhysbys
Equipe	Tîm
Era	Cyfnod
Especialista	Arbenigwr
Esquecido	Anghofio
Fóssil	Ffosil
Investigador	Ymchwilydd
Mistério	Dirgelwch
Objetos	Gwrthrychau
Ossos	Esgyrn
Professor	Athro
Relíquia	Crair
Templo	Deml
Túmulo	Bedd

Arte
Celf

Cerâmica	Ceramig
Complexo	Cymhleth
Composição	Cyfansoddiad
Criar	Creu
Escultura	Cerflun
Expressão	Mynegiant
Figura	Ffigur
Honesto	Onest
Humor	Hwyliau
Inspirado	Ysbrydoli
Original	Gwreiddiol
Pessoal	Personol
Pinturas	Paentiadau
Poesia	Barddoniaeth
Retratar	Portreadu
Simples	Syml
Símbolo	Symbol
Sujeito	Pwnc
Surrealismo	Swrealaeth
Visual	Gweledol

Astronomia
Seryddiaeth

Asteróide	Asteroid
Astronauta	Gofodwr
Astrônomo	Seryddwr
Céu	Awyr
Constelação	Cytser
Cosmos	Cosmos
Eclipse	Eclipse
Equinócio	Equinox
Foguete	Roced
Gravidade	Disgyrchiant
Lua	Lleuad
Meteoro	Meteor
Nebulosa	Nebula
Observatório	Arsyllfa
Planeta	Blaned
Radiação	Ymbelydredd
Solar	Solar
Supernova	Uwchnofa
Terra	Ddaear
Universo	Bydysawd

Aventura
Antur

Alegria	Llawenydd
Amigos	Ffrindiau
Atividade	Gweithgaredd
Beleza	Harddwch
Bravura	Dewrder
Desafios	Heriau
Destino	Cyrchfan
Dificuldade	Anhawster
Entusiasmo	Brwdfrydedd
Excursão	Gwibdaith
Incomum	Anarferol
Itinerário	Amserlen
Natureza	Natur
Navegação	Llywio
Novo	Newydd
Oportunidade	Cyfle
Perigoso	Peryglus
Preparação	Paratoi
Segurança	Diogelwch
Surpreendente	Syndod

Aviões
Awyrennau

Altura	Uchder
Aterrissagem	Glanio
Atmosfera	Awyrgylch
Aventura	Antur
Balão	Balŵn
Céu	Awyr
Combustível	Tanwydd
Construção	Adeiladu
Descida	Disgyniad
Direção	Cyfeiriad
Hidrogênio	Hydrogen
História	Hanes
Inflar	Chwyddo
Motor	Peiriant
Navegar	Lywio
Passageiro	Teithwyr
Piloto	Peilot
Tempo	Tywydd
Tripulação	Criw
Turbulência	Cynnwrf

Álgebra
Algebra

Diagrama	Diagram
Equação	Hafaliad
Falso	Ffug
Fator	Ffactor
Fórmula	Fformiwla
Fração	Ffracsiwn
Infinito	Anfeidrol
Linear	Llinol
Matriz	Matrics
Número	Rhif
Parêntese	Parenthesis
Problema	Broblem
Quantidade	Maint
Resolver	Datrys
Simplificar	Symleiddio
Solução	Ateb
Soma	Swm
Subtração	Tynnu
Variável	Newidyn
Zero	Sero

Balé
Bale

Aplauso	Cymeradwyaeth
Artístico	Artistig
Compositor	Cyfansoddwr
Coreografia	Coreograffi
Dançarinos	Dawnswyr
Ensaio	Ymarfer
Estilo	Arddull
Expressivo	Mynegiannol
Gesto	Ystum
Gracioso	Gosgeiddig
Intensidade	Dwysedd
Músculos	Cyhyrau
Música	Cerddoriaeth
Orquestra	Cerddorfa
Público	Gynulleidfa
Ritmo	Rhythm
Solo	Unawd
Técnica	Techneg

Barcos
Cychod

Âncora	Angor
Balsa	Fferi
Bóia	Prynu
Caiaque	Caiac
Canoa	Canŵ
Corda	Rhaff
Doca	Doc
Iate	Hwylio
Jangada	Llu
Lago	Llyn
Mar	Môr
Maré	Llanw
Marinheiro	Morwr
Mastro	Mwyaf
Motor	Peiriant
Náutico	Morwrol
Oceano	Cefnfor
Ondas	Tonnau
Rio	Afon
Tripulação	Criw

Beleza
Harddwch

Batom	Minlliw
Cachos	Curls
Charme	Swyn
Cor	Lliw
Cosméticos	Colur
Elegante	Cain
Elegância	Ceinder
Espelho	Drych
Estilista	Steilydd
Fotogênico	Ffotogenig
Fragrância	Fragrance
Graça	Gras
Maquiagem	Cyfansoddiad
Óleos	Olewau
Pele	Croen
Produtos	Cynhyrchion
Rímel	Mascara
Serviços	Gwasanaethau
Tesoura	Siswrn
Xampu	Siamp

Café
Coffi

Açúcar	Siwgr
Amargo	Chwerw
Aroma	Arogl
Assado	Rhost
Água	Dŵr
Bebida	Diod
Cafeína	Caffein
Copa	Cwpan
Creme	Hufen
Filtro	Hidlo
Leite	Llaeth
Líquido	Hylif
Manhã	Bore
Moer	Malu
Origem	Tarddiad
Preço	Pris
Preto	Du
Sabor	Blas
Variedade	Amrywiaeth

Caminhada
Heicio

Acampamento	Gwersylla
Animais	Anifeiliaid
Água	Dŵr
Botas	Esgidiau
Cansado	Flinedig
Clima	Hinsawdd
Guias	Canllawiau
Mapa	Map
Montanha	Mynydd
Natureza	Natur
Orientação	Cyfeiriad
Parques	Parciau
Pedras	Cerrig
Penhasco	Clogwyn
Perigos	Peryglon
Pesado	Trwm
Preparação	Paratoi
Selvagem	Gwyllt
Sol	Haul
Tempo	Tywydd

Casa
Tŷ

Biblioteca	Llyfrgell
Cerca	Ffens
Chaves	Allweddi
Chuveiro	Cawod
Cortinas	Llenni
Cozinha	Cegin
Espelho	Drych
Garagem	Garej
Janela	Ffenestr
Jardim	Gardd
Lareira	Lle Tân
Mobiliário	Dodrefn
Parede	Wal
Porta	Drws
Quarto	Ystafell
Sótão	Atig
Tapete	Rug
Teto	Nenfwd
Torneira	Faucet
Vassoura	Banadl

Chocolate
Siocled

Açúcar	Siwgr
Amargo	Chwerw
Antioxidante	Gwrthocsidiol
Aroma	Arogl
Artesanal	Crefftwyr
Cacau	Cacao
Calorias	Galorïau
Caramelo	Caramel
Coco	Cnau Coco
Delicioso	Blasus
Doce	Melys
Exótico	Egsotig
Favorito	Hoff
Gosto	Blas
Ingrediente	Cynhwysion
Pó	Powdr
Qualidade	Ansawdd
Receita	Rysáit

Churrascos
Barbeciws

Cebolas	Syrthion
Convite	Gwahoddiad
Crianças	Plant
Facas	Cyllyll
Família	Teulu
Fome	Newyn
Frango	Cyw Iâr
Fruta	Ffrwyth
Grelha	Gril
Jantar	Cinio
Jogos	Gemau
Legumes	Llysiau
Molho	Saws
Música	Cerddoriaeth
Pimenta	Pupur
Quente	Poeth
Sal	Halen
Saladas	Saladau
Tomates	Tomatos
Verão	Haf

Cidade
Y Dref

Aeroporto	Maes Awyr
Banco	Banc
Biblioteca	Llyfrgell
Cinema	Sinema
Escola	Ysgol
Estádio	Stadiwm
Farmácia	Fferyllfa
Florista	Siop Flodau
Galeria	Oriel
Hotel	Gwesty
Jardim Zoológico	Sw
Livraria	Siop Lyfrau
Mercado	Farchnad
Museu	Amgueddfa
Padaria	Becws
Restaurante	Bwyty
Salão	Salon
Supermercado	Archfarchnad
Teatro	Theatr
Universidade	Prifysgol

Ciência
Gwyddoniaeth

Átomo	Atom
Cientista	Gwyddonydd
Clima	Hinsawdd
Dados	Data
Evolução	Esblygiad
Experiência	Arbrawf
Fato	Ffaith
Física	Ffiseg
Fóssil	Ffosil
Gravidade	Disgyrchiant
Hipótese	Ddamcaniaeth
Laboratório	Labordy
Método	Dull
Minerais	Mwynau
Moléculas	Moleciwlau
Natureza	Natur
Organismo	Organeb
Partículas	Gronynnau
Plantas	Planhigion
Químico	Cemegol

Circo
Syrcas

Acrobata	Acrobat
Animais	Anifeiliaid
Balões	Balwnau
Bilhete	Tocyn
Desfile	Rhodfa
Doce	Candy
Elefante	Eliffant
Espectador	Gwyliwr
Espetacular	Ysblennydd
Leão	Llew
Macaco	Mwnci
Magia	Hud
Malabarista	Siwglwr
Mágico	Dewin
Música	Cerddoriaeth
Palhaço	Clown
Tenda	Pabell
Tigre	Teigr
Traje	Gwisgoedd
Truque	Tric

Clima
Tywydd

Arco-Íris	Enfys
Atmosfera	Awyrgylch
Brisa	Awel
Céu	Awyr
Clima	Hinsawdd
Furacão	Corwynt
Gelo	Iâ
Monção	Monsŵn
Nevoeiro	Niwl
Nuvem	Cwmwl
Polar	Polar
Relâmpago	Mellt
Seca	Sychder
Seco	Sych
Temperatura	Tymheredd
Tempestade	Storm
Tornado	Tornado
Tropical	Trofannol
Trovão	Taranau
Vento	Gwynt

Comida # 2
Bwyd # 2

Alcachofra	Artisiog
Amêndoa	Almon
Arroz	Reis
Banana	Banana
Beringela	Eggplant
Brócolis	Brocoli
Cereja	Ceirios
Chocolate	Siocled
Cogumelo	Madarch
Frango	Cyw Iâr
Iogurte	Iogwrt
Kiwi	Ciwi
Maçã	Afal
Ovo	Wy
Peixe	Pysgod
Presunto	Ham
Queijo	Caws
Tomate	Tomato
Trigo	Gwenith
Uva	Grawnwin

Comida #1
Bwyd # 1

Açúcar	Siwgr
Alho	Garlleg
Amendoim	Cnau Daear
Atum	Tiwna
Bolo	Cacen
Canela	Sinamon
Cebola	Union
Cenoura	Moron
Cevada	Haidd
Damasco	Bricyll
Espinafre	Sbigoglys
Leite	Llaeth
Limão	Lemon
Manjericão	Basil
Morango	Mefus
Nabo	Maip
Sal	Halen
Salada	Salad
Sopa	Cawl
Suco	Sudd

Corpo Humano
Corff Dynol

Boca	Geg
Cabeça	Pen
Cérebro	Ymennydd
Coração	Galon
Cotovelo	Penelin
Dedo	Bys
Joelho	Pen-Glin
Lábios	Gwefusau
Mão	Llaw
Nariz	Trwyn
Olho	Llygad
Ombro	Ysgwydd
Orelha	Clust
Pele	Croen
Perna	Coes
Pescoço	Gwddf
Queixo	Ên
Sangue	Gwaed
Testa	Talcen
Tornozelo	Ffêr

Cozinha
Cegin

Avental	Ffedog
Chaleira	Tegell
Colheres	Llwyau
Concha	Lletwad
Cups	Cwpanau
Especiarias	Sbeisys
Esponja	Noddi
Facas	Cyllyll
Forno	Popty
Freezer	Rhewgell
Garfos	Ffyrc
Geladeira	Oergell
Grelha	Gril
Guardanapo	Napcyn
Jar	Jar
Jarro	Jwg
Pauzinhos	Chopsticks
Receita	Rysáit
Tigela	Bowl

Criatividade
Creadigrwydd

Artístico	Artistig
Autenticidade	Dilysrwydd
Clareza	Eglurder
Dramático	Dramatig
Emoções	Emosiynau
Espontânea	Digymell
Expressão	Mynegiant
Fluidez	Hylifedd
Imagem	Delwedd
Imaginação	Dychymyg
Impressão	Argraff
Inspiração	Ysbrydoliaeth
Intensidade	Dwysedd
Intuição	Greddf
Inventivo	Buddsoddi
Sensação	Teimlad
Sentimentos	Teimladau
Vitalidade	Bywiogrwydd

Dança
Dawns

Academia	Academi
Alegre	Llawen
Arte	Celf
Clássico	Clasurol
Coreografia	Coreograffi
Corpo	Corff
Cultura	Diwylliant
Cultural	Diwylliannol
Emoção	Emosiwn
Ensaio	Ymarfer
Expressivo	Mynegiannol
Graça	Gras
Movimento	Symudiad
Música	Cerddoriaeth
Parceiro	Partner
Postura	Osgo
Ritmo	Rhythm
Saltar	Neidio
Tradicional	Traddodiadol
Visual	Gweledol

Dias e Meses
Diwrnodau a Misoedd

Abril	Ebrill
Agosto	Awst
Ano	Blwyddyn
Calendário	Calendr
Dezembro	Rhagfyr
Domingo	Dydd Sul
Fevereiro	Chwefror
Janeiro	Ionawr
Julho	Gorffennaf
Junho	Mehefin
Mês	Mis
Novembro	Tachwedd
Outubro	Hydref
Quinta-Feira	Dydd Iau
Sábado	Dydd Sadwrn
Segunda-Feira	Dydd Llun
Semana	Wythnos
Setembro	Medi
Sexta-Feira	Dydd Gwener
Terça	Dydd Mawrth

Diplomacia
Diplomyddiaeth

Campanhas	Ymgyrchoedd
Cidadãos	Dinasyddion
Cívico	Dinesig
Comunidade	Cymuned
Conflito	Gwrthdaro
Discussão	Trafodaeth
Embaixador	Llysgennad
Estrangeiro	Tramor
Ética	Moeseg
Governo	Llywodraeth
Humanitário	Dyngarol
Integridade	Uniondeb
Justiça	Cyfiawnder
Legal	Cyfreithiol
Línguas	Ieithoedd
Resolução	Datrys
Segurança	Diogelwch
Solução	Ateb
Tratado	Cytundeb

Dirigindo
Gyrru

Acidente	Damwain
Carro	Car
Combustível	Tanwydd
Cuidado	Rhybudd
Estrada	Ffordd
Freios	Breciau
Garagem	Garej
Gás	Nwy
Licença	Trwydded
Mapa	Map
Motocicleta	Beic Modur
Motor	Modur
Pedestre	Cerddwyr
Perigo	Perygl
Polícia	Heddlu
Rua	Stryd
Segurança	Diogelwch
Transporte	Cludiant
Tráfego	Traffig
Túnel	Twnnel

Disciplinas Científicas
Ddisgyblaethau Gwyddonol

Anatomia	Anatomeg
Arqueologia	Archaeoleg
Astronomia	Seryddiaeth
Biologia	Bioleg
Bioquímica	Biocemeg
Botânica	Llysieueg
Cinesiologia	Kinesiology
Ecologia	Ecoleg
Fisiologia	Ffisioleg
Geologia	Daeareg
Imunologia	Imiwnoleg
Linguística	Ieithyddiaeth
Mecânica	Mecaneg
Meteorologia	Meteoroleg
Mineralogia	Mwynlawdd
Neurologia	Niwroleg
Psicologia	Seicoleg
Química	Cemeg
Sociologia	Cymdeithaseg
Zoologia	Milofyddiaeth

Ecologia
Ecoleg

Clima	Hinsawdd
Comunidades	Cymunedau
Diversidade	Amrywiaeth
Espécies	Rhywogaethau
Fauna	Ffawna
Flora	Flora
Global	Byd-Eang
Habitat	Cynefin
Marinho	Morol
Montanhas	Mynyddoedd
Natural	Naturiol
Natureza	Natur
Pântano	Gors
Plantas	Planhigion
Recursos	Adnoddau
Seca	Sychder
Sobrevivência	Goroesi
Sustentável	Cynaliadwy
Vegetação	Llystyfiant
Voluntários	Gwirfoddolwyr

Edifícios
Adeiladau

Apartamento	Fflat
Cabine	Caban
Castelo	Castell
Celeiro	Ysgubor
Cinema	Sinema
Escola	Ysgol
Estádio	Stadiwm
Fazenda	Fferm
Fábrica	Ffatri
Garagem	Garej
Hospital	Ysbyty
Hotel	Gwesty
Laboratório	Labordy
Museu	Amgueddfa
Observatório	Arsyllfa
Supermercado	Archfarchnad
Teatro	Theatr
Tenda	Pabell
Torre	Twr
Universidade	Prifysgol

Emoções
Emosiynau

Alegria	Llawenydd
Amor	Caru
Animado	Gyffrous
Bem-Aventurança	Wynfyd
Bondade	Caredigrwydd
Calmo	Dawel
Conteúdo	Cynnwys
Grato	Diolchgar
Medo	Ofn
Paz	Heddwch
Raiva	Dicter
Relaxado	Hamddenol
Satisfeito	Fodlon
Simpatia	Cydymdeimlad
Ternura	Tynerwch
Tédio	Diflastod
Tranquilidade	Llonyddwch
Tristeza	Tristwch

Energia
Ynni

Ambiente	Amgylchedd
Bateria	Batri
Calor	Gwres
Carbono	Carbon
Combustível	Tanwydd
Diesel	Diesel
Elétrico	Trydan
Elétron	Electron
Entropia	Entropi
Fóton	Ffoton
Gasolina	Gasoline
Hidrogênio	Hydrogen
Indústria	Diwydiant
Motor	Modur
Nuclear	Niwclear
Poluição	Llygredd
Renovável	Adnewyddadwy
Sol	Haul
Turbina	Tyrbin
Vento	Gwynt

Engenharia
Peirianneg

Atrito	Ffrithiant
Ângulo	Ongl
Cálculo	Cyfrifiad
Construção	Adeiladu
Diagrama	Diagram
Diâmetro	Diamedr
Diesel	Diesel
Dimensões	Dimensiynau
Distribuição	Dosbarthu
Eixo	Echel
Energia	Ynni
Estabilidade	Sefydlogrwydd
Estrutura	Strwythur
Força	Cryfder
Líquido	Hylif
Máquina	Peiriant
Medição	Mesur
Motor	Modur
Movimento	Cynnig
Profundidade	Dyfnder

Especiarias
Sbeisys

Açafrão	Saffrwm
Alcaçuz	Licorice
Alho	Garlleg
Amargo	Chwerw
Anis	Anise
Azedo	Sur
Baunilha	Fanila
Canela	Sinamon
Cardamomo	Cardamom
Caril	Cyri
Cebola	Union
Coentro	Coriander
Cominho	Cwmin
Doce	Melys
Funcho	Ffenigl
Gengibre	Sinsir
Noz-Moscada	Nytmeg
Pimenta	Pupur
Sabor	Blas
Sal	Halen

Esporte
Chwaraeon

Alongamento	Ymestyn
Atleta	Mabolgampwr
Capacidade	Gallu
Ciclismo	Beicio
Corpo	Corff
Dançando	Dawnsio
Dieta	Deiet
Esportes	Chwaraeon
Força	Cryfder
Jogging	Loncian
Maximizar	Wneud y Gorau
Metabólico	Metabolig
Músculos	Cyhyrau
Nutrição	Maeth
Objetivo	Nod
Ossos	Esgyrn
Programa	Rhaglen
Resistência	Dygnwch
Saúde	Iechyd
Treinador	Hyfforddwr

Exploração
Archwilio

Animais	Anifeiliaid
Aprender	I Ddysgu
Atividade	Gweithgaredd
Coragem	Dewrder
Culturas	Diwylliannau
Descoberta	Darganfyddiad
Desconhecido	Anhysbys
Determinação	Penderfyniad
Distante	Pell
Espaço	Gofod
Exaustão	Blinder
Excitação	Cyffro
Língua	Iaith
Novo	Newydd
Perigos	Peryglon
Selvagem	Gwyllt
Terreno	Tir
Viagem	Teithio

Ética
Moeseg

Altruísmo	Anhunanoldeb
Bondade	Caredigrwydd
Compaixão	Tosturi
Dignidade	Urddas
Filosofia	Athroniaeth
Honestidade	Gonestrwydd
Humanidade	Dynoliaeth
Individualismo	Unigolyn
Integridade	Uniondeb
Otimismo	Optimistiaeth
Paciência	Amynedd
Racionalidade	Rhesymoldeb
Razoável	Rhesymol
Realismo	Realaeth
Respeitoso	Parch
Sabedoria	Doethineb
Tolerância	Goddefgarwch
Valores	Gwerthoedd

Família
Teulu

Antepassado	Hynafiad
Avó	Nain
Criança	Plentyn
Crianças	Plant
Esposa	Gwraig
Filha	Merch
Infância	Plentyndod
Irmã	Chwaer
Irmão	Brawd
Marido	Gŵr
Materno	Mamau
Mãe	Fam
Neto	Ŵyr
Pai	Tad
Paterno	Tadol
Primo	Cefnder
Sobrinha	Nith
Sobrinho	Nai
Tia	Modryb
Tio	Ewythr

Fazenda #1
Fferm # 1

Abelha	Gwenyn
Arroz	Reis
Água	Dŵr
Bezerro	Llo
Burro	Asyn
Cabra	Gafr
Campo	Maes
Cavalo	Ceffyl
Cão	Ci
Cerca	Ffens
Corvo	Frân
Feno	Gwair
Fertilizante	Gwrtaith
Frango	Cyw Iâr
Gato	Cath
Mel	Mêl
Porco	Mochyn
Rebanho	Ddiadell
Terra	Tir
Vaca	Buwch

Fazenda #2
Fferm # 2

Agricultor	Ffermwr
Animais	Anifeiliaid
Celeiro	Ysgubor
Cevada	Haidd
Cordeiro	Cig Oen
Fruta	Ffrwyth
Ganso	Gwyddau
Irrigação	Dyfrhau
Leite	Llaeth
Lhama	Lama
Maduro	Aeddfed
Milho	Corn
Ovelha	Defaid
Pastor	Bugail
Pato	Hwyaden
Pomar	Berllan
Prado	Dôl
Trator	Tractor
Trigo	Gwenith
Vegetal	Llysiau

Férias #2
Yn Ystod y Gwyliau #2

Aeroporto	Maes Awyr
Destino	Cyrchfan
Estrangeiro	Estron
Feriado	Gwyliau
Fotos	Lluniau
Hotel	Gwesty
Ilha	Ynys
Lazer	Hamdden
Mapa	Map
Mar	Môr
Montanhas	Mynyddoedd
Passaporte	Pasbort
Praia	Traeth
Reservas	Amheuon
Restaurante	Bwyty
Táxi	Tacsi
Tenda	Pabell
Transporte	Cludiant
Viagem	Taith
Visto	Fisa

Ficção Científica
Ffuglen Gwyddoniaeth

Atómico	Atomig
Cinema	Sinema
Distante	Pell
Distopia	Dystopia
Explosão	Ffrwydrad
Extremo	Eithafol
Fantástico	Gwych
Fogo	Tân
Futurista	Dyfodolaidd
Galáxia	Galaeth
Ilusão	Rhith
Imaginário	Dychmygol
Livros	Llyfrau
Misterioso	Dirgel
Mundo	Byd
Oráculo	Oracle
Planeta	Blaned
Robôs	Robotiaid
Tecnologia	Technoleg
Utopia	Utopia

Filantropia
Dyngarwch

Caridade	Elusen
Comunidade	Cymuned
Contatos	Cysylltiadau
Crianças	Plant
Desafios	Heriau
Finança	Cyllid
Fundos	Cronfeydd
Generosidade	Haelioni
Global	Byd-Eang
Grupos	Grwpiau
História	Hanes
Honestidade	Gonestrwydd
Humanidade	Dynoliaeth
Juventude	Ieuenctid
Missão	Cenhadaeth
Necessidade	Angen
Objetivos	Nodau
Pessoas	Pobl
Programas	Rhaglenni
Público	Cyhoeddus

Física
Ffiseg

Aceleração	Cyflymiad
Átomo	Atom
Caos	Anhrefn
Densidade	Dwysedd
Elétron	Electron
Fórmula	Fformiwla
Frequência	Amlder
Gás	Nwy
Gravidade	Disgyrchiant
Magnetismo	Magneteg
Massa	Màs
Mecânica	Mecaneg
Molécula	Moleciwl
Motor	Peiriant
Nuclear	Niwclear
Partícula	Gronynnau
Químico	Cemegol
Relatividade	Ymlacio
Universal	Cyffredinol
Velocidade	Cyflymder

Flores
Blodau

Buquê	Tusw
Dente-De-Leão	Dant y Llew
Gardênia	Gardenia
Hibisco	Hibiscus
Jasmim	Jasmine
Lavanda	Lafant
Lilás	Lelog
Lírio	Lily
Magnólia	Magnolia
Margarida	Llygad y Dydd
Orquídea	Tegeirian
Papoula	Pabi
Peônia	Peony
Pétala	Petal
Plumeria	Plumeria
Rosa	Rhosyn
Trevo	Meillion
Tulipa	Tiwlip

Floresta Tropical
Fforestydd Glaw

Anfíbios	Amffibiaid
Botânico	Botanegol
Clima	Hinsawdd
Comunidade	Cymuned
Diversidade	Amrywiaeth
Espécies	Rhywogaethau
Indígena	Cynhenid
Insetos	Pryfed
Mamíferos	Mamaliaid
Musgo	Mwsogl
Natureza	Natur
Nuvens	Cymylau
Pássaros	Adar
Preservação	Cadwraeth
Refúgio	Lloches
Respeito	Parch
Restauração	Adfer
Selva	Jyngl
Sobrevivência	Goroesi
Valioso	Gwerthfawr

Força e Gravidade
Heddlu a Disgyrchiant

Atrito	Ffrithiant
Centro	Canol
Descoberta	Darganfyddiad
Dinâmico	Dynamig
Distância	Pellter
Eixo	Echel
Expansão	Ehangu
Física	Ffiseg
Impacto	Effaith
Magnetismo	Magneteg
Magnitude	Maint
Mecânica	Mecaneg
Movimento	Cynnig
Órbita	Orbit
Planetas	Planedau
Pressão	Pwysau
Propriedades	Eiddo
Rapidez	Cyflymder
Tempo	Amser
Universal	Cyffredinol

Frutas
Ffrwythau

Abacate	Afocado
Amora	Blackberry
Baga	Aeron
Banana	Banana
Cereja	Ceirios
Coco	Cnau Coco
Damasco	Bricyll
Figo	Ffig
Framboesa	Mafon
Goiaba	Guava
Kiwi	Ciwi
Laranja	Oren
Limão	Lemon
Maçã	Afal
Mamão	Papaia
Manga	Mango
Nectarina	Nectarine
Pera	Gellyg
Pêssego	Peach
Uva	Grawnwin

Geografia
Daearyddiaeth

Altitude	Uchder
Atlas	Atlas
Cidade	Dinas
Continente	Cyfandir
Hemisfério	Hemisffer
Ilha	Ynys
Latitude	Lledred
Mapa	Map
Mar	Môr
Meridiano	Meridian
Montanha	Mynydd
Mundo	Byd
Norte	Gogledd
Oceano	Cefnfor
Oeste	Gorllewin
País	Gwlad
Região	Rhanbarth
Rio	Afon
Sul	De
Território	Tiriogaeth

Geologia
Daeareg

Ácido	Asid
Camada	Haen
Caverna	Ogof
Cálcio	Calsiwm
Ciclos	Cylchoedd
Continente	Cyfandir
Coral	Cwrel
Cristais	Crisialau
Estalactite	Stalactite
Estalagmites	Stalagmidau
Fóssil	Ffosil
Lava	Lafa
Minerais	Mwynau
Pedra	Carreg
Platô	Gwastad
Quartzo	Cwarts
Sal	Halen
Terremoto	Daeargryn
Vulcão	Llosgfynydd
Zona	Parth

Geometria
Geometreg

Altura	Uchder
Ângulo	Ongl
Cálculo	Cyfrifiad
Círculo	Cylch
Curva	Gromlin
Diâmetro	Diamedr
Dimensão	Dimensiwn
Equação	Hafaliad
Horizontal	Llorweddol
Lógica	Rhesymeg
Massa	Màs
Mediana	Canolrif
Paralelo	Cyfochrog
Proporção	Cyfran
Segmento	Segment
Simetria	Cymesuredd
Superfície	Wyneb
Teoria	Theori
Triângulo	Triongl
Vertical	Fertigol

Governo
Llywodraeth

Cidadania	Dinasyddiaeth
Civil	Sifil
Constituição	Cyfansoddiad
Democracia	Democratiaeth
Discurso	Araith
Discussão	Trafodaeth
Distrito	Ardal
Estado	Wladwriaeth
Igualdade	Cydraddoldeb
Independência	Annibyniaeth
Judicial	Barnwrol
Justiça	Cyfiawnder
Lei	Cyfraith
Liberdade	Rhyddid
Líder	Arweinydd
Monumento	Heneb
Nacional	Cenedlaethol
Nação	Cenedl
Pacífico	Heddychlon
Símbolo	Symbol

Herbalismo
Llysieuol

Açafrão	Saffrwm
Alecrim	Rhosmar
Alho	Garlleg
Aromático	Aromatig
Benéfico	Buddiol
Coentro	Coriander
Estragão	Taragon
Flor	Blodyn
Funcho	Ffenigl
Ingrediente	Cynhwysion
Jardim	Gardd
Lavanda	Lafant
Manjericão	Basil
Manjerona	Marjoram
Planta	Planhigion
Qualidade	Ansawdd
Sabor	Blas
Salsa	Persli
Tomilho	Teim
Verde	Gwyrdd

Insetos
Pryfed

Abelha	Gwenyn
Barata	Chwilen Ddu
Besouro	Chwilen
Borboleta	Glöyn Byw
Cigarra	Cicada
Cupim	Termite
Formiga	Morgrug
Gafanhoto	Locust
Joaninha	Ladybug
Larva	Larfa
Libélula	Gwas y Neidr
Louva-A-Deus	Mantis
Mariposa	Gwyfyn
Minhoca	Pryf
Mosquito	Mosgito
Pulga	Chwain
Pulgão	Aphid
Vespa	Cacynen

Jardim
Gardd

Ancinho	Rhaca
Arbusto	Llwyn
Árvore	Coed
Banco	Mainc
Cerca	Ffens
Ervas Daninhas	Chwyn
Flor	Blodyn
Garagem	Garej
Grama	Glaswellt
Gramado	Lawnt
Jardim	Gardd
Lagoa	Pwll
Maca	Hammock
Mangueira	Pibell
Pá	Rhaw
Solo	Pridd
Terraço	Teras
Trampolim	Trampolîn
Varanda	Cyntedd
Videira	Winwydd

Jardinagem
Garddio

Água	Dŵr
Botânico	Botanegol
Buquê	Tusw
Clima	Hinsawdd
Comestível	Bwytadwy
Composto	Compost
Espécies	Rhywogaethau
Exótico	Egsotig
Flor	Blodyn
Floral	Blodau
Folhagem	Dail
Mangueira	Pibell
Pomar	Berllan
Recipiente	Cynhwysydd
Sazonal	Tymhorol
Sementes	Hadau
Solo	Pridd
Sujeira	Baw
Umidade	Lleithder

Jazz
Jazz

Artista	Artist
Álbum	Albwm
Bateria	Drymiau
Canção	Cân
Composição	Cyfansoddiad
Compositor	Cyfansoddwr
Concerto	Cyngerdd
Estilo	Arddull
Ênfase	Pwyslais
Famoso	Enwog
Favoritos	Ffefrynnau
Gênero	Genre
Improvisação	Byrfyfyr
Música	Cerddoriaeth
Novo	Newydd
Orquestra	Cerddorfa
Ritmo	Rhythm
Talento	Talent
Técnica	Techneg
Velho	Hen

Literatura
Llenyddiaeth

Analogia	Cyfatebiaeth
Análise	Dadansoddiad
Anedota	Chwedl
Autor	Awdur
Biografia	Bywgraffiad
Comparação	Cymhariaeth
Conclusão	Casgliad
Descrição	Disgrifiad
Diálogo	Deialog
Estilo	Arddull
Ficção	Ffuglen
Metáfora	Trosiad
Narrador	Adroddwr
Opinião	Barn
Poema	Cerdd
Rima	Odl
Ritmo	Rhythm
Romance	Nofel
Tema	Thema
Tragédia	Drychineb

Livros
Llyfrau

Autor	Awdur
Aventura	Antur
Coleção	Casgliad
Contexto	Cyd-Destun
Dualidade	Deuoliaeth
Escrito	Ysgrifenedig
Épico	Epig
História	Stori
Histórico	Hanesyddol
Inventivo	Buddsoddi
Leitor	Darllenydd
Literário	Llenyddol
Narrador	Adroddwr
Página	Tudalen
Poema	Cerdd
Poesia	Barddoniaeth
Relevante	Perthnasol
Romance	Nofel
Série	Cyfres
Trágico	Trasig

Mamíferos
Mamaliaid

Baleia	Morfil
Camelo	Camel
Canguru	Kangaroo
Castor	Afanc
Cavalo	Ceffyl
Cão	Ci
Coelho	Cwningen
Coiote	Coyote
Elefante	Eliffant
Gato	Cath
Girafa	Jiraff
Golfinho	Dolffin
Gorila	Gorila
Leão	Llew
Lobo	Blaidd
Macaco	Mwnci
Ovelha	Defaid
Raposa	Llwynog
Touro	Tarw
Zebra	Sebra

Matemática
Mathemateg

Aritmética	Rhifyddeg
Ângulos	Onglau
Circunferência	Cylchedd
Decimal	Degol
Diâmetro	Diamedr
Equação	Hafaliad
Fração	Ffracsiwn
Geometria	Geometreg
Paralelo	Cyfochrog
Paralelogramo	Paralelogram
Perímetro	Amfesur
Perpendicular	Berpendicwlar
Polígono	Polygon
Quadrado	Sgwâr
Raio	Radiws
Retângulo	Petryal
Simetria	Cymesuredd
Soma	Swm
Triângulo	Triongl
Volume	Cyfrol

Medições
Mesuriadau

Altura	Uchder
Byte	Beit
Centímetro	Canolfan
Comprimento	Hyd
Decimal	Degol
Grama	Gram
Grau	Gradd
Largura	Lled
Litro	Litr
Massa	Màs
Metro	Mesurydd
Minuto	Munud
Onça	Owns
Peso	Pwysau
Polegada	Modfedd
Profundidade	Dyfnder
Quarto	Chwart
Quilograma	Cilogram
Tonelada	Tunnell
Volume	Cyfrol

Meditação
Myfyrdod

Aceitação	Derbyn
Acordado	Effro
Atenção	Sylw
Bondade	Caredigrwydd
Clareza	Eglurder
Compaixão	Tosturi
Emoções	Emosiynau
Ensinamentos	Dysgeidiaeth
Gratidão	Diolchgarwch
Hábitos	Arferion
Mental	Meddyliol
Mente	Meddwl
Movimento	Symudiad
Música	Cerddoriaeth
Natureza	Natur
Paz	Heddwch
Pensamentos	Meddyliau
Perspectiva	Safbwynt
Postura	Osgo
Silêncio	Distawrwydd

Mitologia
Mytholeg

Ciúmes	Cenfigen
Comportamento	Ymddygiad
Crenças	Credoau
Criação	Creu
Criatura	Creadur
Cultura	Diwylliant
Desastre	Trychineb
Força	Cryfder
Guerreiro	Rhyfelwr
Heroína	Arwres
Herói	Arwr
Imortalidade	Anfarwoldeb
Labirinto	Labyrinth
Lenda	Chwedl
Mágico	Hudol
Monstro	Anghenfil
Mortal	Marwol
Relâmpago	Mellt
Trovão	Meddwl
Vingança	Dial

Moda
Ffasiwn

Acessível	Fforddiadwy
Bordado	Brodwaith
Botões	Botymau
Boutique	Boutique
Caro	Drud
Confortável	Cyfforddus
Elegante	Cain
Estilo	Arddull
Medidas	Mesuriadau
Minimalista	Lleiaf
Moderno	Modern
Modesto	Cymedrol
Original	Gwreiddiol
Prático	Ymarferol
Renda	Lace
Roupa	Dillad
Simples	Syml
Tendência	Tuedd
Textura	Gwead

Música
Cerddoriaeth

Álbum	Albwm
Balada	Baled
Cantar	Canu
Cantor	Canwr
Clássico	Clasurol
Coro	Corws
Gravação	Cofnodi
Harmonia	Harmoni
Improvisar	Byrfyfyr
Instrumento	Offeryn
Lírico	Telynegol
Melodia	Alaw
Microfone	Meicroffon
Musical	Cerddorol
Músico	Cerddor
Ópera	Opera
Poético	Barddonol
Ritmo	Rhythm
Tempo	Tempo
Vocal	Lleisiol

Natureza
Natur

Abelhas	Gwenyn
Animais	Anifeiliaid
Ártico	Arctig
Beleza	Harddwch
Deserto	Anialwch
Dinâmico	Dynamig
Floresta	Coedwig
Folhagem	Dail
Geleira	Rhewlif
Montanhas	Mynyddoedd
Nevoeiro	Niwl
Nuvens	Cymylau
Pacífico	Heddychlon
Rio	Afon
Santuário	Cysegr
Selvagem	Gwyllt
Sereno	Tawel
Tropical	Trofannol
Vital	Hanfodol

Negócios
Busnes

Carreira	Gyrfa
Custo	Cost
Desconto	Disgownt
Dinheiro	Arian
Economia	Economeg
Empregado	Cyflogai
Empregador	Cyflogwr
Empresa	Cwmni
Escritório	Swyddfa
Fábrica	Ffatri
Finança	Cyllid
Gerente	Rheolwr
Impostos	Trethi
Investimento	Buddsoddiad
Loja	Siop
Lucro	Elw
Mercadoria	Nwyddau
Orçamento	Cyllideb
Rendimento	Incwm
Venda	Gwerthu

Nutrição
Maeth

Amargo	Chwerw
Apetite	Archwaeth
Calorias	Galorïau
Carboidratos	Carbohydradau
Comestível	Bwytadwy
Dieta	Deiet
Digestão	Treuliad
Equilibrado	Cytbwys
Fermentação	Eplesu
Líquidos	Hylifau
Molho	Saws
Nutriente	Maeth
Peso	Pwysau
Proteínas	Proteinau
Qualidade	Ansawdd
Sabor	Blas
Saudável	Iach
Saúde	Iechyd
Toxina	Gwenwyn
Vitamina	Fitamin

Números
Rhifau

Cinco	Pump
Decimal	Degol
Dez	Deg
Dezesseis	Un ar Bymtheg
Dezoito	Deunaw
Dois	Dau
Doze	Deuddeg
Matemática	Math
Nove	Naw
Oito	Wyth
Quatro	Pedwar
Quinze	Pymtheg
Seis	Chwech
Sete	Saith
Treze	Tri ar Ddeg
Três	Tri
Um	Un
Vinte	Ugain
Zero	Sero

Oceano
Cefnfor

Alga	Gwymon
Atum	Tiwna
Baleia	Morfil
Barco	Cwch
Camarão	Berdys
Caranguejo	Cranc
Coral	Cwrel
Enguia	Llysywod
Esponja	Noddi
Golfinho	Dolffin
Marés	Llanw
Medusa	Sglefrod Môr
Ondas	Tonnau
Ostra	Wystrys
Peixe	Pysgod
Polvo	Octopws
Sal	Halen
Tartaruga	Crwban
Tempestade	Storm
Tubarão	Siarc

Paisagens
Tirweddau

Cascata	Rhaeadr
Caverna	Ogof
Colina	Bryn
Deserto	Anialwch
Geleira	Rhewlif
Golfo	Gwlff
Iceberg	Mynydd Iâ
Ilha	Ynys
Lago	Llyn
Mar	Môr
Montanha	Mynydd
Oásis	Werddon
Oceano	Cefnfor
Pântano	Gors
Península	Penrhyn
Praia	Traeth
Rio	Afon
Tundra	Tundra
Vale	Dyffryn
Vulcão	Llosgfynydd

Países #1
Gwledydd # 1

Alemanha	Yr Almaen
Brasil	Brasil
Camboja	Cambodia
Canadá	Canada
Egito	Yr Aifft
Equador	Ecwador
Espanha	Sbaen
Finlândia	Ffindir
Iraque	Irac
Israel	Israel
Itália	Yr Eidal
Índia	India
Mali	Mali
Marrocos	Moroco
Nicarágua	Nicaragua
Noruega	Norwy
Panamá	Panama
Polônia	Gwlad Pwyl
Senegal	Senegal
Venezuela	Venezuela

Países #2
Gwledydd # 2

Albânia	Albania
Dinamarca	Denmarc
França	Ffrainc
Grécia	Gwlad Groeg
Haiti	Haiti
Indonésia	Indonesia
Irlanda	Iwerddon
Jamaica	Jamaica
Japão	Japan
Laos	Laos
Líbano	Libanus
México	Mecsico
Nepal	Nepal
Nigéria	Nigeria
Paquistão	Pakistan
Rússia	Rwsia
Síria	Syria
Somália	Somalia
Ucrânia	Wcráin
Uganda	Uganda

Pássaros
Adar

Avestruz	Estrys
Águia	Eryr
Cegonha	Ciconia
Cisne	Alarch
Corvo	Frân
Cuco	Gog
Flamingo	Fflamingo
Frango	Cyw lâr
Gaivota	Gwylan
Ganso	Gŵydd
Garça	Crëyr
Ovo	Wy
Papagaio	Parot
Pardal	Aderyn
Pato	Hwyaden
Pavão	Paun
Pelicano	Pelican
Pinguim	Pengwin
Pombo	Colomennod
Tucano	Twcan

Pesca
Pysgota

Água	Dŵr
Barbatanas	Esgyll
Barco	Cwch
Brânquias	Tagellau
Cesta	Basged
Cozinhar	Coginio
Equipamento	Offer
Exagero	Esboniad
Fio	Gwifren
Gancho	Bachyn
Isca	Abwyd
Lago	Llyn
Mandíbula	Ên
Oceano	Cefnfor
Paciência	Amynedd
Peso	Pwysau
Praia	Traeth
Rio	Afon
Temporada	Tymor

Plantas
Planhigion

Arbusto	Llwyn
Árvore	Coed
Baga	Aeron
Bambu	Bambŵ
Botânica	Llysieueg
Cacto	Cactus
Erva	Perlysiau
Feijão	Ffa
Fertilizante	Gwrtaith
Flor	Blodyn
Flora	Flora
Floresta	Coedwig
Folhagem	Dail
Grama	Glaswellt
Hera	Eiddew
Jardim	Gardd
Musgo	Mwsogl
Pétala	Petal
Raiz	Gwraidd
Vegetação	Llystyfiant

Política
Gwleidyddiaeth

Ativista	Weithredol
Campanha	Ymgyrch
Candidato	Ymgeisydd
Comitê	Pwyllgor
Conselho	Cyngor
Escolha	Dewis
Estratégia	Strategaeth
Ética	Moeseg
Governo	Llywodraeth
Igualdade	Cydraddoldeb
Impostos	Trethi
Liberdade	Rhyddid
Nacional	Cenedlaethol
Opinião	Barn
Política	Polisi
Político	Gwleidydd
Popularidade	Poblogrwydd
Vitória	Buddugoliaeth

Profissões #1
Proffesiynau # 1

Advogado	Cyfreithiwr
Artista	Artist
Astrônomo	Seryddwr
Banqueiro	Banciwr
Bombeiro	Diffoddwr Tân
Caçador	Helwyr
Cartógrafo	Cartographer
Cientista	Gwyddonydd
Dançarino	Dawnsiwr
Editor	Golygydd
Embaixador	Llysgennad
Encanador	Plymwr
Enfermeira	Nyrs
Geólogo	Daearegwr
Joalheiro	Gemydd
Marinheiro	Morwr
Músico	Cerddor
Pianista	Pianydd
Psicólogo	Seicolegydd
Veterinário	Milfeddyg

Profissões #2
Proffesiynau # 2

Agricultor	Ffermwr
Astronauta	Gofodwr
Bibliotecário	Llyfrgellydd
Biólogo	Biolegydd
Cirurgião	Llawfeddyg
Dentista	Deintydd
Detetive	Ditectif
Engenheiro	Peiriannydd
Filósofo	Athronydd
Fotógrafo	Ffotograffydd
Ilustrador	Darlunydd
Inventor	Dyfeisiwr
Investigador	Ymchwilydd
Jardineiro	Garddwr
Jornalista	Newyddiadurwr
Linguista	Ieithydd
Médico	Meddyg
Piloto	Peilot
Pintor	Peintiwr
Professor	Athro

Psicologia
Seicoleg

Avaliação	Asesiad
Clínico	Clinigol
Cognição	Gwybyddiaeth
Comportamento	Ymddygiad
Conflito	Gwrthdaro
Ego	Ego
Emoções	Emosiynau
Experiências	Profiadau
Inconsciente	Anymwybodol
Infância	Plentyndod
Influências	Dylanwadau
Pensamentos	Meddyliau
Percepção	Canfyddiad
Personalidade	Personoliaeth
Problema	Broblem
Realidade	Realiti
Sensação	Teimlad
Sonhos	Breuddwydion
Terapia	Therapi

Química
Cemeg

Alcalino	Alcalïaidd
Ácido	Asid
Calor	Gwres
Carbono	Carbon
Catalisador	Catalydd
Cloro	Clorin
Elementos	Elfennau
Elétron	Electron
Enzima	Ensym
Gás	Nwy
Hidrogênio	Hydrogen
Íon	Ion
Líquido	Hylif
Molécula	Moleciwl
Nuclear	Niwclear
Orgânico	Organig
Oxigénio	Ocsigen
Peso	Pwysau
Sal	Halen
Temperatura	Tymheredd

Restaurante # 2
Bwyty # 2

Água	Dŵr
Bebida	Diod
Bolo	Cacen
Cadeira	Cadeirydd
Colher	Llwy
Delicioso	Blasus
Especiarias	Sbeisys
Fruta	Ffrwyth
Garçom	Aros
Garfo	Fforc
Gelo	Iâ
Jantar	Cinio
Legumes	Llysiau
Macarrão	Nwdls
Ovo	Wyau
Peixe	Pysgod
Sal	Halen
Salada	Salad
Sopa	Cawl

Roupas
Dillad

Avental	Ffedog
Blusa	Blows
Calça	Pants
Camisa	Crys
Casaco	Côt
Chapéu	Het
Cinto	Gwregys
Colar	Adnabod
Jaqueta	Siaced
Jeans	Jîns
Luvas	Menig
Meias	Sanau
Moda	Ffasiwn
Pijama	Pyjamas
Pulseira	Breichled
Saia	Sgert
Sandálias	Sandalau
Sapato	Esgid
Suéter	Chwyswr
Vestido	Gwisg

Saúde e Bem-Estar #1
Iechyd a Lles # 1

Altura	Uchder
Ativo	Gweithredol
Bactérias	Bacteria
Clínica	Clinig
Doutor	Meddyg
Farmácia	Fferyllfa
Fome	Newyn
Fratura	Twyll
Hábito	Arfer
Hormones	Hormonau
Medicina	Meddygaeth
Músculos	Cyhyrau
Nervos	Nerfau
Ossos	Esgyrn
Pele	Croen
Postura	Osgo
Reflexo	Atgyrch
Relaxamento	Ymlacio
Terapia	Therapi
Tratamento	Triniaeth

Saúde e Bem-Estar #2
Iechyd a Lles # 2

Alergia	Alergedd
Anatomia	Anatomeg
Apetite	Archwaeth
Caloria	Calori
Corpo	Corff
Dieta	Deiet
Digestão	Treuliad
Doença	Clefyd
Energia	Ynni
Genética	Geneteg
Higiene	Hylendid
Hospital	Ysbyty
Humor	Hwyliau
Infecção	Haint
Massagem	Tylino
Peso	Pwysau
Recuperação	Adfer
Sangue	Gwaed
Saudável	Iach
Vitamina	Fitamin

Tempo
Amser

Agora	Nawr
Ano	Blwyddyn
Antes	Cyn
Anual	Blynyddol
Calendário	Calendr
Década	Degawd
Dia	Dydd
Futuro	Dyfodol
Hoje	Heddiw
Hora	Awr
Manhã	Bore
Meio-Dia	Hanner Dydd
Mês	Mis
Minuto	Munud
Momento	Sylw
Noite	Nos
Ontem	Ddoe
Relógio	Cloc
Semana	Wythnos
Século	Canrif

Tipos de Cabelo
Mathau o Wallt

Branco	Gwyn
Brilhante	Sgleiniog
Cachos	Curls
Careca	Moel
Cinza	Llwyd
Colori	Lliw
Curto	Byr
Encaracolado	Cyrliog
Fino	Tenau
Grosso	Trwchus
Loiro	Blond
Longo	Hir
Marrom	Brown
Prata	Arian
Preto	Du
Saudável	Iach
Seco	Sych
Suave	Meddal
Trançado	Plethedig
Tranças	Blethi

Universo
Bydysawd

Asteróide	Asteroid
Astronomia	Seryddiaeth
Astrônomo	Seryddwr
Atmosfera	Awyrgylch
Celestial	Nefol
Céu	Awyr
Cósmico	Cosmig
Equador	Cyhydedd
Galáxia	Galaeth
Hemisfério	Hemisffer
Horizonte	Gorwel
Latitude	Lledred
Longitude	Hydred
Lua	Lleuad
Órbita	Orbit
Solar	Solar
Solstício	Ateb
Telescópio	Telesgop
Visível	Gweladwy
Zodíaco	Sidydd

Vegetais
Llysiau

Abóbora	Pwmpen
Aipo	Seleri
Alcachofra	Artisiog
Alho	Garlleg
Batata	Tatws
Beringela	Eggplant
Brócolis	Brocoli
Cebola	Union
Cenoura	Moron
Cogumelo	Madarch
Couve-Flor	Blodfresych
Ervilha	Pys
Espinafre	Sbigoglys
Gengibre	Sinsir
Nabo	Maip
Pepino	Ciwcymbr
Rabanete	Radish
Salada	Salad
Salsa	Persli
Tomate	Tomato

Veículos
Cerbydau

Ambulância	Ambiwlans
Avião	Awyren
Balsa	Fferi
Barco	Cwch
Bicicleta	Beic
Caminhão	Lori
Caravana	Carafan
Carro	Car
Foguete	Roced
Helicóptero	Hofrennydd
Jangada	Llu
Lambreta	Sgwter
Metrô	Isffordd
Motor	Modur
Ônibus	Bws
Pneus	Tirion
Submarino	Llong Danfor
Táxi	Tacsi
Transporte	Gwennol
Trator	Tractor

Xadrez
Gwyddbwyll

Aprender	I Ddysgu
Branco	Gwyn
Campeão	Pencampwr
Concurso	Gystadleuaeth
Desafios	Heriau
Diagonal	Lletraws
Estratégia	Strategaeth
Jogador	Chwaraewr
Jogo	Gêm
Oponente	Gwrthwynebydd
Passivo	Goddefol
Pontos	Pwyntiau
Preto	Du
Rainha	Brenhines
Regras	Rheolau
Rei	Brenin
Sacrifício	Aberth
Tempo	Amser
Torneio	Twrnamaint

Parabéns

Conseguiu!

Esperamos que tenha gostado tanto deste livro como nós gostamos de o desenhar. Esforçamo-nos por criar livros da mais alta qualidade possível.
Esta edição foi concebida para proporcionar uma aprendizagem inteligente, de qualidade e divertida!

Gostou deste livro?

Um simples pedido

Estes livros existem graças às críticas que publica.
Pode ajudar-nos, deixando agora uma revisão?

Aqui está um pequeno link para
a sua página de revisão:

BestBooksActivity.com/Avaliacoes50

DESAFIO FINAL!

Desafio n° 1

Está pronto para o seu jogo grátis? Usamo-los a toda a hora, mas não são tão fáceis de encontrar - aqui estão os **Sinônimos!**

Escreva 5 palavras que encontrou nos puzzles (n° 21, n° 36, n° 76) e tente encontrar 2 sinónimos para cada palavra.

Escreva 5 palavras de *Puzzle 21*

Palavras	Sinônimo 1	Sinônimo 2

Escreva 5 palavras de *Puzzle 36*

Palavras	Sinônimo 1	Sinônimo 2

Escreva 5 palavras de *Puzzle 76*

Palavras	Sinônimo 1	Sinônimo 2

Desafio n° 2

Agora que já aqueceu, escreva 5 palavras que encontrou nos Puzzles (n° 9, n° 17 e n° 25) e tente encontrar 2 antônimos para cada palavra. Quantos se podem encontrar em 20 minutos?

Escreva 5 palavras de *Puzzle 9*

Palavras	Antônimo 1	Antônimo 2

Escreva 5 palavras de *Puzzle 17*

Palavras	Antônimo 1	Antônimo 2

Escreva 5 palavras de *Puzzle 25*

Palavras	Antônimo 1	Antônimo 2

Desafio nº 3

Óptimo! Este desafio final não é nada para si.

Pronto para o desafio final? Escolha 10 palavras que tenha descoberto nos diferentes puzzles e escreva-as abaixo.

1.	6.
2.	7.
3.	8.
4.	9.
5.	10.

Agora escreva um texto a pensar numa pessoa, num animal ou num lugar de seu agrado.

Pode utilizar a última página deste livro como um rascunho.

A Sua Composição:

CADERNO DE NOTAS:

ATÉ BREVE!

A equipa Inteira

DESCUBRA JOGOS GRATUITOS

GO

BESTACTIVITYBOOKS.COM/FREEGAMES